Albert Köster

Die Wormser Annalen

Eine Quellenuntersuchung

Albert Köster

Die Wormser Annalen
Eine Quellenuntersuchung

ISBN/EAN: 9783743627390

Hergestellt in Europa, USA, Kanada, Australien, Japan

Cover: Foto ©ninafisch / pixelio.de

Weitere Bücher finden Sie auf **www.hansebooks.com**

DIE WORMSER ANNALEN.

EINE QUELLENUNTERSUCHUNG.

INAUGURAL-DISSERTATION

ZUR

ERLANGUNG DER DOKTORWÜRDE

BEI DER

HOHEN PHILOSOPHISCHEN FAKULTÄT

DER

UNIVERSITÄT LEIPZIG.

VORGELEGT VON

ALBERT KÖSTER.

LEIPZIG,
DRUCK VON HESSE & BECKER.
1887.

Vorbemerkung.

Um in der vorliegenden Untersuchung das Citiren zu erleichtern, empfiehlt es sich, folgende Abkürzungen zu gebrauchen:

1) WA sind die „Wormser Annalen", welche den Mittelpunkt unsrer Untersuchung bilden. Sie sind von J. Fr. Böhmer gefunden und in dem zweiten Bande seiner „Fontes rerum Germanicarum" abgedruckt worden. Die später erschienene Ausgabe im siebzehnten Bande der Monumenta Germaniae besorgte G. H. Pertz. Wenn wir das Werk im Allgemeinen erwähnen, citiren wir es als WA. Die Böhmer'sche Ausgabe bezeichnen wir mit B; die Pertz'sche Ausgabe mit MG. XVII. Meistens wird nach B citirt, doch ist MG. XVII wegen der Varianten nicht zu entbehren.

2) Das im zweiten Bande der von J. P. v. Ludewig herausgegebenen „Reliquiae manuscriptorum, Leipz. und Frkft. 1720" abgedruckte Chronicon Wormatiense auctore Monacho Kirsgartensi anonymo wird citirt als MK.

3) Die von W. Arnold im Jahre 1857 als Band XLIII der Bibliothek des litterarischen Vereins in Stuttgart herausgegebene „Wormser Chronik" zerfällt in zwei Teile. Den Kern bildet die Kronik des Friedrich Zorn, die wir als Z citiren. In diese eingefügt ist eine grosse Zahl von Zusätzen, welche von F. B. von Flersheim herrühren und welche Arnold durch eckige Klammern kenntlich gemacht hat; diese citiren wir als Fl. Wenn wir das Werk im Allgemeinen anführen, geschieht es unter der Abkürzung Z-Fl.

A*

4) Sch. bedeutet: J. F. Schannat. historia episcopatus Wormatiensis, Frkft. 1734; und zwar enthält
Band I die Darstellung.
Band II die Urkunden.
Zu dem Citat tritt stets die Seitenzahl: wo zwei Zahlen stehen, bedeutet die grössere die Seite, die kleinere die Zeile.
5) Die Regesten von Böhmer, deren fünften Band (besorgt von Julius Ficker) wir häufig brauchen, werden citirt als B-F, V mit Hinzufügung der Nummer.
6) Für die Urkunden, welche die Stadt Worms betreffen, war man bis vor Kurzem in erster Linie auf den zweiten Band von Schannat's hist. ep. Worm. angewiesen, wo aber doch nur ein Teil des erhaltenen Materials zu finden war. Alles Uebrige stand an vielen Orten verstreut. Nun ist 1886 der erste Band der Quellen zur Geschichte der Stadt Worms erschienen, welcher die Urkunden bis zum Jahre 1300 enthält. Wo das Werk besprochen wurde, ist es mit Freuden begrüsst worden; man hat überall dem freigebigen Unterstützer des Unternehmens, Herrn C. W. Heyl, sowie dem Herausgeber, Herrn Prof. Dr. Boos, den geziemenden Dank ausgesprochen. Und in der Tat, die Ausführung dieses lange gehegten Wunsches einer Zusammenfassung aller Wormser Geschichtsquellen ist sehr dankenswert. Allerdings wäre dabei Eines zu bedenken gewesen. Das Werk soll abschliessend sein, es soll dem Forscher das mühsame Zusammensuchen des Urkundenmaterials ersparen. Nun wäre es zuviel verlangt, wenn man einen vollständigen Abdruck aller Urkunden wünschte, das Werk wäre dadurch gar zu sehr angewachsen. Es sind daher minder wichtige Urkunden nur registrirt; demjenigen also, der unbedingte Vollständigkeit des Materials, auch im Wortlaut, braucht, bleibt das Heranziehen der älteren Drucke nicht erspart. Da wäre es nun sehr willkommen gewesen, wenn solche Urkunden, die nur in jenem einzigen seltenen Werke gedruckt sind, selbst

wenn sie nicht sehr grosse inhaltliche Bedeutung haben, wieder abgedruckt worden wären. Es ist manches citirte Werk, z. B. Meerman, geschiedenis van Graaf Willem van Holland, gar nicht leicht zugänglich. Waubald in der „Historischen Zeitschrift" N. F., Bd. 22, S. 147 fg. hat eine Reihe von schlechten Lesarten, die man aber sehr leicht noch vermehren kann, nachgewiesen. Es würde sich daher, um dem Werke vollständige Zuverlässigkeit zu geben, wol empfehlen, eine erneute Lesung vorzunehmen und die Resultate derselben als eine Beilage dem zweiten Bande der „Quellen zur Geschichte der Stadt Worms" beizufügen.

Ein paar Kleinigkeiten sind noch anzumerken: Zu nr. 165 und 166 sind die letzten Drucke, Winkelmann, acta imperii inedita, Bd. 2, nr. 69 I u. II hinzuzufügen. — Das Regest von nr. 194 ist zu verbessern: nicht den Reuerinnen selbst, sondern ihren Woltätern wird Ablass gewährt. — Zwei Urkunden, die in den Monumenta Wittelsbacensia, I, S. 103 und 104, stehen, sind von dem Herausgeber ganz ausgelassen worden.

Doch, abgesehen von diesen gegen die Vorzüge des Buches verschwindend kleinen Fehlern, ist das Werk sehr zuverlässig und brauchbar. Das erkennt man, wenn man dasselbe bei einer Untersuchung kronikalischen Materials zu Hülfe nimmt. Wir citiren es als: Boos, WU mit hinzugefügter Nummer.

Inhalt.

		Seite
	Vorbemerkung	III
I.	Einleitung	1
II.	Der Mönch von Kirschgarten	10
III.	Die Zorn'sche Kronik	21
IV.	Die Ueberlieferung der "Wormser Annalen"	32
V.	Der Stil	35
VI.	Die Handschrift 3ᵃᵇ	42
VII.	Die Handschrift 2	78
VIII.	Das Resultat	92
IX.	Lesarten	96
	Excurs	103

I.
Einleitung.

Waitz in seiner Verfassungsgeschichte, Arnold in seiner „Verfassungsgeschichte der deutschen Freistädte", Heusler in seinem „Ursprung der deutschen Stadtverfassung" und Nitzsch in seinem Werke über „Ministerialität und Bürgertum" haben die verschiedenen Entwicklungsstufen in der Verfassung der deutschen Städte, sowie die dunklen Punkte, die auf diesem Gebiete noch vorhanden sind, so ausführlich behandelt, dass es genügt, auf diese Werke zu verweisen. Wenn wir dennoch als Einleitung zu unsrer Abhandlung kurz den Entwicklungsgang der Wormser Stadtverfassung vorführen, so geschieht dies nicht, um neues Material zu bringen, sondern nur um einen Standpunkt für die folgende Untersuchung zu gewinnen. Es gilt, die Stellung des Wormser Bischofs gegenüber der Stadt Worms festzustellen, um aus dem gewonnenen Bilde auf etwaige Parteitendenzen in den „Wormser Annalen" zu schliessen.

Worms ist eine der ältesten deutschen Städte; aber alle Einrichtungen und Ueberlieferungen aus den Tagen ihres keltischen Ursprungs oder aus der Zeit, als in die römische Militärkolonie Worms das Kristentum einzog, — alle diese Erinnerungen haben die grossen Verheerungen des vierten und fünften Jahrhunderts vernichtet. Gewaltig müssen diese Kämpfe gewesen sein, denn die Sage hat sie zu einer der erschütterndsten Tragoedien ausgestaltet.

In fränkischer Zeit beginnt die Geschichte von Worms. Die Stadt ist Bischofsitz: um die Kirche, die dem heiligen Petrus geweiht ist, und um den Bischofshof herum wohnt auf eingefriedetem Grund und Boden die familia des Bischofs, über die er Hofrecht übt. Um diese kleine Gemeinde herum sind die Freien angesessen, ein Jeder hat sein eigenes Grundstück, Aecker und Weinberge liegen mitten in der Stadt¹), Platz ist genug für spätere engere Ansiedelung. Und Alles dies ist von Wall und Graben umschlossen. Das ist die civitas. Aber die civitas Worms ist wieder nur Teil eines grösseren Ganzen, des Gaues, der nach ihr benannt ist, des Wormsgaues. Auch dort wohnen weit verstreut noch einzelne kleine Gemeinden von solchen Leuten, die dem Bischof direkt untergeben sind, Freie und Unfreie. Ueber alle Eingesessenen des Gaues sitzt der königliche Richter, der Graf, zu Gericht, über Freie und Unfreie, auch über die gesammte familia des Bischofs; an welchem Malberg er auch Gericht hält, da müssen sie erscheinen. Ihm steht als dem königlichen Beamten Haus und Hof eines Jeden offen; auch Leistungen und Lasten mancher Art darf er im Namen des Königs den Bewohnern des Gaues auferlegen.²)

Schon frühzeitig machten sich die Uebelstände, welche diese Einrichtungen für die Gaugenossen im Gefolge hatten, fühlbar. Und so treffen wir denn schon in merowingischer Zeit vielerorts auf Bemühungen der Bischöfe, für die familia und das Kirchengut ihres Sprengels Befreiung von diesen drückenden Lasten, mit einem Worte, die Immunität zu erwirken. Die fränkischen Könige haben für viele Bistümer Privilegien dieses Inhalts ausgestellt, und so finden sich auch für Worms solche Immunitätsurkunden schon aus der Merowingerzeit, die, wenn sie selbst nicht echt sind, doch auf echten Urkunden und Formeln beruhen.³)

Die Vergünstigung war überall die gleiche. Der index publicus, der Graf, sollte hinfort das immune Gebiet, d. h. alles umfriedete Kirchengut, nicht mehr in amtlicher Befugnis betreten; die Mitglieder der familia waren aller ihrer früheren Pflichten gegen den königlichen Beamten persönlich ledig. Nichtsdestoweniger aber standen sie nach wie vor unter dem öffentlichen Königsgericht; nur ward jetzt

---

1) Boos WU nr. 9.
2) Boos WU nr. 2.
3) Boos WU nr. 1 fg.

ihre Verpflichtung gegen König und Reich vom Bischof geregelt; ein bischöflicher Beamter vertrat die Einzelnen vor Gericht. Dem Bischof andrerseits erwuchs aus der Immunität der Vorteil, dass die zwei Dritteile des Gerichtsgefälles, die früher in den Königsschatz geflossen waren, nunmehr von dem Grafen an ihn verrechnet wurden.

Jahrhunderte lang, bis in die späten Zeiten der Karolinger, blieb der Inhalt und teilweise auch die Form der Immunitätsurkunden dieselbe. Nichtsdestoweniger müssen wir annehmen, dass sich die faktischen Zustände ebenso geändert haben, wie sich die Besitz- und Machtverhältnisse im ganzen Reiche verschoben hatten. Durch viele reiche Schenkungen war überall der Grundbesitz und damit die Macht des Bischofs gestiegen, der ohnehin schon stets einen gewaltigen Rückhalt hatte an der kristlichen Kirche mit ihrem einen Oberhaupt, ihrer einen Sprache, ihrem einen Recht. Einen annähernden Begriff von dem Gebietszuwachs der Wormser Kirche im achten, neunten und zehnten Jahrhundert gewähren uns die erhaltenen Schenkungs- und Bestätigungsurkunden, die auf den ersten Blättern des Wormser Urkundenbuches gedruckt sind. Und doch bilden sie nur einen kleinen Bruchteil des einst Vorhandenen, und Worms war kein besonders reicher Bischofsitz. All dieses neuerworbene Kirchengut war natürlich von vornherein gleichfalls immun.

Wenn so die Kirche unaufhaltsam erstarkte, so erhielt die Macht des Grafen, die schon angefangen, über die ihr gezogenen Grenzen sich auszudehnen, durch Karl den Grossen noch einmal eine starke Eindämmung. Als aber nach ihm schwache Herrscher auf dem Trone sassen, wuchs wieder die Anmassung der Grafen; allerorts wird darüber geklagt. Die freien Gaubewohner hatten am schwersten unter dem widerrechtlichen Aufstreben der Grafenmacht zu leiden. Es kann uns daher nicht wundern, dass diese Freien neidisch auf die Immunitätsleute sahen, die vor aller Belästigung sicher waren, und dass sie durch die Not endlich dahin getrieben wurden, die Freiheit ihrer Person aufzugeben, um dafür von der Kirche, in deren „mundeburdium" sie traten,

Schutz zu erlangen. Hierdurch wuchs wiederum die Kirche, die nun immer schroffer dem königlichen Richter mit dem Anspruche gegenübertritt, selbst die Gerichtsbarkeit über das grosse Immunitätsgebiet auszuüben. Endlich trat in Otto I. wieder ein machtvoller, angesehener Herrscher an die Spitze des Reiches. Aber auch er vermochte dem Widerstreit der beiden Gewalten, die nach Unabhängigkeit vom Könige strebten, nicht mehr zu wehren; er konnte nur für eine der beiden Parteien sich entscheiden, und er entschied sich für den Bischof. Freilich lautet das Privileg, das er auf Bitte des Bischofs Anno im Jahre 965 nov. 27 für Worms gab[1]), noch fast ganz wie ein altes merowingisches Immunitätsprivileg; dem Buchstaben nach konnte der Bischof kein neues Recht daraus ableiten: aber gerade unter Otto I. müssen die Machtverhältnisse des Bischofs so weit gediehen sein, dass unter dem nächsten Kaiser, Otto II., der letzte Schritt zum Ziel gemacht werden konnte. Vom Jahre 979 aug. 11 ist die Urkunde datirt[2]), welche das letzte Drittel des Gerichtsgefälles, das bis dahin der königliche Richter im Wormsgau erhalten hatte, dem Bischof zuerkannte, und welche ihm oder dem von ihm eingesetzten advocatus die öffentliche Gerichtsbarkeit über die ganze Stadt übertrug.

Wir wundern uns heute vielleicht, dass sich die Wormser Bürgerschaft solche Masregel ruhig gefallen liess, und suchen nach einer Erklärung für die ruhige Ergebung der Bürger, die es widerstandslos geschehen liessen, dass der alte Untertanenverband, das unmittelbare Verhältnis zwischen dem Könige und den freien Bürgern so ganz durchbrochen wurde. Mehrere Gründe treffen für Worms zusammen. Von Vielen, ja vielleicht den Meisten, wird die Neuerung eher als eine Erleichterung denn als eine Schmälerung des Rechtes angesehen worden sein. Wir haben oben schon angedeutet, dass die Uebergriffe des königlichen Richters seit den letzten

---

1) Boos WU nr. 32.
2) Boos WU nr. 35.

Karolingern oft unleidlich wurden. Ferner aber war bis tief in das zehnte Jahrhundert hinein die Stadt von Krieg und Brandschatzung gewaltig heimgesucht worden[1], und die neu angesiedelte Gemeinde war freilich räumlich ausgedehnt[2], fühlte sich aber sicher innerlich noch nicht stark genug zum Widerstand. Endlich aber wirkten nicht die Verhältnisse allein; ein Einzelner trat an der Grenze des Jahrtausends auf, der die neuerrungenen Rechte machtvoll vertrat, Bischof Burkhard von Worms. Durch grosse Sorge für die Stadt, durch Milde und Güte, aber auch durch strenges Zielbewusstsein hat er es erreicht, dass sich der Bürger willig dem bischöflichen Regimente fügte. „Wormatia redacta est in potestatem beati Petri," so heisst es 1016 in einer Urkunde Burkhards.[3] Natürlich bestand ausser dieser Herrschaft des Bischofs über die ganze Stadt noch immer das engere Verhältnis desselben zu seiner Hofgemeinde fort. Auch deren Rechte ordnete Burkhard neu[4]; bei seinem Tode war Worms eine blühende Stadt mit geregelter Verfassung.

1) Vgl. Arnold, Freistädte I., S. 54.
2) Die Urkunde Boos WU nr. 35 redet von einer Altstadt und einer Neustadt.
3) Boos WU nr. 44.
4) Boos WU nr. 48. Sehr lehrreich ist hierzu der Commentar in dem Werke von Gengler, das Hofrecht des Bischofs Burkhard von Worms, Erlangen 1859. 4°. Nur ist die Interpretation von cap. XXII zu verbessern: Wie in cap. XVIII „cum una manu" ganz richtig als „er allein" und „cum VII" als „selbsiebent" erklärt ist, so ist auch in cap. XXII „cum septem proximis suis" als „er mit sechs Verwandten" zu fassen. Dass das richtig ist, beweist auch die von Gengler angeführte Stelle aus dem Ssp. „mach aver jene selve sevede sin vri behalden etc." Somit bringt der Beklagte sechs Zeugen, die nach dem Sachsenspiegel sich so verteilen, dass drei von der väterlichen, drei von der mütterlichen Seite genommen werden. Im Wormser Hofrecht ist die Verteilung etwas anders. Und hier ist ebenfalls die Erklärung von Gengler zu bessern. Er ergänzt im zweiten Satz zu „duae" und „una" „feminae" bezw. „femina" und sagt dann, unter den sieben Zeugen seien drei Frauen zugelassen worden. Es ist vielmehr „partes" bezw. „pars" zu ergänzen, so dass der Sinn wäre: Wird bei einem Fiskalinen die Abstammung väterlicherseits gescholten, so hat er sechs Zeugen zu bringen, darunter duae partes, also zwei

Aber allerdings die Wormser Bürgerschaft war in tiefer Abhängigkeit vom Bischof, und sie wäre gewiss noch tiefer bis unter das Hofrecht desselben gesunken, wenn sie nicht aus sich selbst die Kraft zur Befreiung vom bischöflichen Joch geschöpft hätte. Etwa das Jahr 1000 bezeichnet fast überall die Grenze zwischen dem Sinken und Steigen des Bürgertums. Die Zeit der letzten Karolinger und selbst noch der Ottonen war eine traurige Zeit für die Städter; nach dem Jahre 1000 beginnt eine bessere Zeit. Freilich, so wenig wir dort das Sinken des Bürgerstandes Schritt für Schritt verfolgen können, so wenig vermögen wir im elften Jahrhundert unter den städtefreundlichen Königen das Aufblühen der Bürgerschaft mit Urkunden und Zahlen zu belegen.

Und doch gibt es einen Beweis dafür, dass sich Bürger- und Bauernstand in jener Zeit glücklich gefühlt, einen Beweis, der freilich weitab von dem Boden der eigentlichen Geschichte liegt. Die Ottonen sind nie volkstümlich geworden, keine Sage knüpft an sie an, ja, selbst ihr Name klang dem gemeinen Manne fremd und war daher wenig verbreitet.

Ganz anders die Heinriche und Konrade auf dem deutschen Tron. Wie ihre Regierungszeit sagen- und liederumsponnen, so war auch der Klang ihres Namens dem Städter und Bauern lieb. Da das Volk sich zu ihnen nicht erheben konnte, so hat es Hinz und Kunz freundnachbarlich zu sich herabgezogen; das war sein Dank. Inniger kann das Volk nicht danken, als wenn es seinen Söhnen als gutes Omen den Namen des geliebten Königs gibt.

Zwei Elemente waren es besonders, die das deutsche Bürgertum wieder kräftigten, das eine kam von aussen, das andere erwuchs im Innern der Stadt. Vom freien Lande her zogen freie Bauern in die Mauern der Stadt und siedelten sich dort an. Im Innern des Gemeinwesens aber söhnten sich alte Gegensätze aus; Ministerialität und Bürgertum stan-

---

Drittel d. h. vier Zeugen väterlicherseits und ein Drittel, d. h. zwei Zeugen von der mütterlichen Verwandtschaft. similiter erit ex parte matris.

den jetzt unter gleichem Recht, sie mussten jetzt Annäherung an einander suchen in ihrem gegenseitigen Interesse. Und so ist aus drei Faktoren, der Ministerialität, dem Bürgertum und dem Zuzug freier Elemente, der neuen Gemeinde die Kraft zur Erlangung der Stadtfreiheit erwachsen. Die beiden zuletzt genannten Elemente waren der Zahl nach überlegen, doch ist, mindestens für die erste Zeit, der Ministerialität die grössere Bedeutung beizumessen. Sie bildete die Brücke zum Bischof hinüber.

Schon Bischof Burkhard trifft um das Jahr 1000 eine Verfügung[1]) zu Gunsten des Hochstifts nicht mehr wie früher aus eigener Machtvollkommenheit, sondern „cum communi consilio nostrorum fidelium". Die fideles sind, wie sich aus anderen Urkunden, z. B. Boos WU nr. 51, ergibt, Geistliche und Ministerialen des Bischofs, welche einen Beirat desselben bilden, nicht ein fest umgrenztes Kollegium, sondern, wie die in späteren Urkunden oftmals angeführten Namen beweisen, an Zahl und Zusammensetzung wechselnd.

Und wie hier in geistlichen Dingen Klerus und Ministerialität teilnehmend eingreifen, so findet sich in rein städtischen Angelegenheiten früh eine Mitwirkung des Bürgertums. Wie früh sich dieselbe in Worms schon geltend machte, das lässt sich allerdings bei dem wenigen uns erhaltenen Material nicht ermitteln. Der erste nachweisbare Fall gehört etwa in das Jahr 1106[2]); es soll dort, wenn aus der Genossenschaft der 23 Erbfischer Einer stirbt, urbanorum communi consilio ein neues Mitglied gewählt werden. An einen nach Umfang und Befugnis geordneten Rat dürfen wir hier noch nicht denken, dem widersprechen die noch völlig regellosen Zustände der Folgezeit. Aber ebenso wenig wahrscheinlich ist es, dass die gesammte Stadt den einen Erbfischer wählt. An einen Ausschuss von Bürgern wird doch zu denken sein; allerdings kennen wir über denselben keinerlei Bestimmungen.

---

1) Boos WU nr. 37.
2) Boos WU nr. 58.

Im zwölften Jahrhundert nun, während dessen Verlauf sich Ministerialität und Bürgertum einander mehr und mehr nähern und ihre alten Standesunterschiede ausgleichen, da finden wir auch den alten Ministerialenbeirat des Bischofs mehr und mehr mit einer Anzahl von Bürgern vereint. Es war sehr einsichtsvoll von dem Herausgeber des Wormser Urkundenbuches, dass er auch da, wo er den Text einer unwichtigen Urkunde wegliess, doch ihre Zeugenreihe abdruckte; die letzteren geben uns das Mittel an die Hand, die Entwicklung des Rates von Worms zu verfolgen. Weder die Zahl der Ministerialen noch die der Bürger, welche sich zur Beurkundung zusammenfanden, ist feststehend; wohl aber finden sich immer dieselben Namen wieder, und in späteren Jahren die Söhne der früher Genannten. Es ist das ein Beweis, wie einzelne angesehene Familien die Zeugenschaft in den Urkunden als ein Recht beansprucht haben, zweifellos, weil ein Recht der Mitberatung mit derselben verbunden war. Ob diese stets wiederkehrenden Zeugen Mitglieder des Schöffenkollegs waren, wie vermutet worden ist, wissen wir für Worms nicht. Faktisch mag ja Eines mit dem Andern verbunden gewesen sein: nur erfahrene angesehene Bürger taugten zu Schöffen und zu Beratern des Bischofs.

Der Bischof selbst hat also das Institut hervorgerufen und durch seinen Schutz gekräftigt, das, als es erstarkt war, den bischöflichen Vorsitz nicht mehr anerkennen und selber die Regierungsrechte üben wollte. Wann in Worms der Rat die Selbstherrlichkeit erlangt hat, wissen wir nicht. Es muss das in der zweiten Hälfte des zwölften Jahrhunderts geschehen sein. Natürlich trat der Bischof gegen diese Anmassung auf; schon im Beginn des dreizehnten Jahrhunderts muss der Kampf zwischen Beiden die äussersten Mittel herausgefordert haben. Denn in diese Zeit fällt die Entstehung jener von den Bürgern keck gefälschten Urkunde[1]), nach welcher schon im Jahre 1156 Friedrich I. ihnen einen Rat

---

1) Boos WU nr. 73. — Stumpf, Wiener Sitzungsber., Phil. Cl. Bd. 32, S. 603 fg.

von 12 Ministerialen und 28 Bürgern ohne Vorsitz des Bischofs gegeben haben sollte. Friedrich II. hat diese Fälschung bestätigt im Jahre 1220.[1]) In späterer Zeit, 1232, haben die Wormser Bürger noch einmal gewagt, eine ähnliche Fälschung zu machen, diesmal freilich mit weniger Glück.[2])

So waren im Anfange des dreizehnten Jahrhunderts die Gegensätze in grösster Schärfe zu Tage getreten, eine Aussöhnung war unmöglich; der Kampf zwischen dem Bischof und dem Rate, der noch lange andauerte, musste mit dem Siege des einen Teiles und dem Unterliegen des andern enden. Die Berechtigung zum Kampfe war für beide Parteien gleich: auf der Seite des Bischofs stand das hergebrachte, verbriefte Recht, welches den alten Zustand erhalten will; auf der Seite der Bürger stand die junge aufstrebende Kraft, die das Neue in der Welt erstehen lässt. Beide, das Recht wie die Kraft, waren historisch begründet; und beide rangen nicht um einzelne Rechte, sie kämpften um die ganze Fülle der Macht.

Der gleichzeitige Historiker, der diesen Kampf zur Darstellung bringen will, kann objektiv eine Tatsache an die andre reihen, er vermag auch vielleicht in seinem eigenen Urteil seine Person ganz in den Hintergrund zu drängen; ergreift er aber Partei, so muss das gerade hier stark zu Tage treten.

Mit dem Zeitpunkt nun, wo die Entscheidung über den Kampf des Bischofs und der Bürger dem Kaiser übertragen wurde, beginnen die „Wormser Annalen" ihre Erzählung. Doch führt die Untersuchung der Letzteren zu keinem Resultat, wenn wir nicht zwei andere Wormser Geschichtswerke mit in die Betrachtung hineinziehen. Zu ihnen wenden wir uns zunächst.

---

1) Boos WU nr. 124.
2) Vgl. den Excurs über die Urkunde Boos WU nr. 157 am Ende unsrer Abhandlung.

II.
Der Mönch von Kirschgarten.

Der Verfasser des bei Ludewig, Reliquiae manuscriptorum, Band 2, abgedruckten Chronicon Wormatiense war, wie sich aus seinem Werke selbst ergibt, ein Augustinermönch des Klosters Kirschgarten bei Worms. Sein Name ist uns unbekannt ebenso wie seine genaueren Lebensumstände. Was wir über ihn erfahren können, müssen wir aus dem Chronicon selbst ableiten.

Unser Mönch war nicht in Worms geboren: er kam im Jahre 1472 dahin und wurde daselbst wider Willen zurückgehalten (169,$_{10}$). Er wurde dann von dem Bischof Reinhard, der 1482 starb, in eigener Person ordinirt und stand auch zu dem Nachfolger desselben, Johannes von Dalberg (1482—1503), in vertrautem Verhältnis (S. 170).

Schon ehe er sein Chronicon Wormatiense schrieb, war unser Mönch schriftstellerisch tätig gewesen. Er erwähnt als seine Werke die gesta canonicorum regularium (99,$_5$), sowie ein Buch über die berühmten Männer seines Ordens (18,$_{20}$); und während er noch an der Wormser Kronik arbeitete, trug er sich schon mit dem Gedanken einer Geschichte seines Klosters Kirschgarten (156,$_{35}$). Die ersten Werke mögen zu Grunde gegangen sein, als die Wormser Bürger 1525 das Kloster zerstörten.[1]) Das zuletzt genannte Werk wird er überhaupt nie zur Ausführung gebracht haben, da er, wie zu vermuten, schon während der Arbeit an dem Chronicon Wormatiense starb.[2])

Erhalten ist uns eben nur diese letzte Schrift, welche

---
1) Vgl. Schannat, hist. ep. Worm. I, 152.
2) Siehe unten.

in ihrem Schlussteile etwa 1501—2 abgefasst ist. Der Monachus Kirsgartensis gedenkt nämlich (166,₁₄) einer Prophezeiung, welche im Jahre 1500 eintreffen sollte und sich nicht erfüllt hatte, er verzeichnet ganz am Schluss auch ein Ereignis vom Jahre 1501 (S. 175), aber er erwähnt andrerseits den Bischof Johannes von Dalberg, der am 28. Juli 1503 verstarb, noch als lebend (169,₂₇). Wie schon oben erwähnt, scheint der Mönch von seiner Arbeit durch den Tod abberufen zu sein. Denn, wenn er auch die Erzählung durch ein paar Anekdoten bis in seine Tage hinabgeführt hat, so ist er zu einer Ueberarbeitung seines Werkes, die sehr nötig war, sicher nicht gekommen. Er hätte bei einer solchen zweifellos an den plötzlich abbrechenden Text ein dem Anfange des Werkes entsprechendes Schlusswort angehängt, er würde auch wol störende Korrekturen, wie sie nur in einem ersten Entwurfe denkbar sind[1]), beseitigt haben, und endlich, er würde sicher die Anfangsworte seines Werkes wahr gemacht und für die Verbreitung desselben gesorgt haben. Denn das Chronicon Wormatiense war von vornherein für den Druck bestimmt.

Mag nun so der plötzliche Tod des Verfassers einen Teil der Mängel seines Werkes entschuldigen, der grössere Teil derselben findet seine Erklärung in der mangelnden Begabung des Autors. Der Monachus Kirsgartensis war seinem Stoffe durchaus nicht gewachsen. Verrät er uns in den Titeln seiner früheren Schriften, dass er bisher nur das Leben von Domherren und frommen Mönchen geschildert hatte, so zeigt das Chronicon Wormatiense, dass er sich nicht viel über diese Sphäre erheben konnte. Erbauliche Geschichten, Wunder und Himmelszeichen, daneben aber auch Schwänke, besonders über die Wormser Juden, die er als solche gar nicht gelten lassen, sondern zu echten Germanen stempeln will, nehmen einen breiten Raum in dem Buche ein.

Nach Material für seine Arbeit hat sich unser Mönch fleissig umgesehen; ausser den Hülfsmitteln, die er in Worms

---

1) Z. B. 131,₃₄.

selbst vorfand, verschaffte er sich noch weitere aus der Umgegend. Denn das Chronicon Wormatiense sollte nicht nur die Geschichte der Stadt, sondern die des ganzen Sprengels enthalten. So verschaffte er sich aus den Stiftern, welche unter dem Wormser Bischof standen, Nachrichten: aus Nonnenmünster ($28,_{33}$ fg.), aus Schönau bei Heidelberg ($13,_{3}$), aus Kirschgarten (113 fg.; 159 fg.), aus Hochheim ($133,_{28}$ fg.; $136,_{5}$—$139,_{25}$). In Liebenau bemühte er sich vergeblich um eine Geschichte des Stiftes ($143,_{5}$), dagegen scheint er Aufzeichnungen von den Dominikanern in Worms gehabt zu haben ($105,_{13}$ fg.; 171 fg.). Den wichtigsten Beitrag aber gab ihm Frankenthal, nämlich eine uns sonst nicht erhaltene Lebensbeschreibung des Gründers dieses Stiftes, das Leben Eckenberts. Der Monachus Kirsgartensis hat dasselbe (S. 78 fg.) ganz in seinen Text aufgenommen. Es ist eine kulturgeschichtlich sehr interessante Darstellung in gutem Latein. An Stellen, die er besonders hervorheben will, wendet der unbekannte Verfasser gern die Reimprosa an.

Sehen wir nun, in welcher Weise der Monachus Kirsgartensis seine Quellen benutzt. Leider ist uns diese Kontrole nur an wenigen Stellen möglich: aus diesen Stellen aber muss uns ein Analogieschluss auf die Benutzung der Quellen bei anderen Gelegenheiten erlaubt sein. Im Anfang ist die Darstellung des Monachus Kirsgartensis einfach und klar; er hat sich aus Caesar, Lucanus, Josephus, Ptolemaeus, Sulpitius Severus, Hieronymus u. A. das Wenige zusammengestellt, was diese Autoren über die Vangionen berichten. Die dann citirte Quelle, den catalogus episcoporum, behandeln wir weiter unten. Auf Seite 20 aber beginnt für den Monachus Kirsgartensis eine neue Quelle, die schon früher ($11,_{14}$) citirte „historia Caroli Magni" oder das Werk des „Fuldaer Benediktinermönches Einhart ($20,_{24}$)", das von 714 bis 838 reichen soll ($20,_{34}$). Dieses Werk sind die Fuldaer Annalen, die mit dem Jahre 714 beginnen und deren Autor bis zum Jahre 838 nach einer Bemerkung des Schlettstadter Kodex I der Mönch Enhart gewesen sein soll.[1]) Dem Mo-

---
1) MG. SS. I, S. 340 u. S. $361,_{7}$.

nachus Kirsgartensis muss dieser Schlettstadter Kodex, die beste Handschrift der ann. Fuld., vorgelegen haben, oder wenigstens eine Abschrift, die demselben näher verwandt war, als alle anderen Handschriften, die wir noch haben. Es folgt das erstens aus der Kenntnis der Autorschaft des Einhart (beim Mon. Kirsg. Einhart), aus dem Zusatz MG. I. S. 382,$_{31}$ = MK 34,$_{35}$ fg. und aus mehreren kleineren Uebereinstimmungen. Daher dürften sich aus dem Mon. Kirsg. wol noch manche Varianten für die ann. Fuld. schöpfen lassen.

Die Fuldaer Annalen nun schreibt der Mon. Kirsg. aus, so weit sie Wormser Angelegenheiten behandeln und so weit er sie versteht. Und hier vermögen wir sein Verfahren genau zu prüfen. MK 21,$_{15}$—22,$_{35}$ ist ein Auszug aus MG. I, 349,$_{28}$—357,$_{30}$. Man sieht, wie wenig der Mönch in sein Werk aufnahm, einzelne losgerissene Notizen, meist Himmelszeichen u. dgl. In diesem Wenigen ist er aber auch im Wortlaut gar nicht zuverlässig; die Jahreszahlen sind sehr ungenau (vgl. 783, 787, 790, 791), und ausserdem fügt er beliebig seine eigenen Zusätze ein (MK 21,$_{12, 13, 17, 20, 23, 24, 26-32}$; 22,$_{8-12}$ u. 35).

Von den Worten „pater Caroli Magni" (22,$_{35}$) an folgt er einer andern Quelle; sein „antiquissimus liber" sind die Annales Laurissenses. MK 23,$_{1-27}$ ist ein Auszug aus dieser Quelle, vgl. MG. I, 144,$_{10}$ bis 168,$_{19}$. Wieder finden wir dieselbe Art der Benutzung der Vorlage, einen dürftigen Auszug, mancherlei Abweichungen vom Urtext, Ungenauigkeiten im Datum (vgl. 781) und eigene Zutaten (23,$_{15, 16, 19, 20}$).

Es verlohnt sich nicht, den Mon. Kirsg. noch weiter so eingehend bei seiner Arbeit zu verfolgen, dieselben Erscheinungen treten immer wieder zu Tage. Die ann. Fuld. waren ihm eine bequeme Quelle, aus der er schöpft, so lange sie fliesst. MK 24,$_{7-22}$ und 28,$_{4-16}$ sind noch Auszüge aus dem ersten Teile derselben, der von Enhard herrührt; am Schluss (28,$_{13-16}$) hat das Chronicon Wormatiense einen Zusatz, der uns in allen Handschriften der ann. Fuld. fehlt.

Aus dem zweiten Teile der Fuldaer Annalen, der von Rudolf von Fulda herrührt, stammen die Stellen MK 28,

$18-23$; $30,7-13$; $30,20-31,8$; $31,11-34$; $33,13-34,8$; und aus dem dritten Teile, den der Mon. Kirsg. aber nicht besonders ausscheidet, die Stelle MK $34,5-38,24$. Zwischen allen diesen Abschnitten ist die Bischofsgeschichte fortgeführt und eine Reihe von eigenen Zutaten eingestreut.

Noch an zwei weiteren Stellen können wir die Zuverlässigkeit des Mon. Kirsg. in der Wiedergabe seiner Quellen auf die Probe stellen.

$39,16$ und $42,24$ redet er von einer „historia Friderici primi". Aber die Stelle $39,26$ bis $42,10$, welche zwischen den beiden Citaten steht, entlehnt er aus Widukind III, cap. 44 bis 49. Die erste Hälfte ist eine ganz gute Wiedergabe des Urtextes; von der Mitte ab aber kürzt und ändert der Mon. Kirsg. wieder ganz nach Gefallen.

Das grösste Stück endlich, das wir nachprüfen können, ist die vita Burchardi, die der Mon. Kirsg. „de verbo ad verbum annectere" will ($43,27$), und die er von $43,28$ an in seinem Texte bringt. Dass die angeführten lateinischen Worte des Kronisten nicht wörtlich zu nehmen sind, hat schon Waitz in seiner Ausgabe der vita Burchardi, MG. IV, 832 fg. durch die Zusammenstellung der zahlreichen Varianten zwischen dem schlechten Text des Mon. Kirsg. und dem besseren der ersten gedruckten Ausgabe der vita Burchardi von 1548 bewiesen.

So erhalten wir das Resultat, dass selbst da, wo sich der Monachus Kirsgartensis eng an seine Quellen anzuschliessen scheint, er dieselben nicht genau wiedergibt. Er kürzt, er interpolirt und ist besonders ungenau in der Wiedergabe der Daten. Für die grossen Ereignisse der Zeit hat er gar keinen Sinn. Und doch sind seine Quellen für den ersten Teil seines Werkes so einfach, grosse zusammenhängende Erzählungen, welche die Ereignisse der Zeit klar darstellen, aus denen er aber nur die erbaulichen und wunderbaren Begebenheiten, für die allein er Verständnis und Interesse zu haben scheint, herausnimmt.

Ganz anders ward nun seine Lage, als er an die Schilderung der späteren Zeit, besonders des dreizehnten Jahrhunderts und der darauf folgenden kam. Jene Zeiten beherrschte ein andrer Geist, und die Menschen hatten andre Interessen. Die Kronisten schrieben nicht mehr Kometenerscheinungen auf, und die Bischöfe begnügten sich nicht mehr mit der blossen Ausübung ihres geistlichen Berufes. Der Verfassungskampf war entbrannt, und für diesen hatte der Mönch gar kein Verständnis. So nimmt sich denn für das dreizehnte Jahrhundert seine Kronik besonders traurig aus, eine Menge kleiner Notizen hat er aneinander gehängt. Woher er seine Berichte hat, gibt er gar nicht mehr an; er muss aus einer Menge Quellen geschöpft haben, denn eine oder zwei konuten ihm die Nachrichten in der Verwirrung gar nicht bieten. Obendrein zerreisst er den Zusammenhang noch mehrfach durch Einschaltung der Notizen, die er sich aus den oben genannten geistlichen Stiftern besorgt hatte. Die Kronologie ist in diesem Teile gänzlich aufgehoben, kurz, die ganze Kronik wäre völlig aus den Fugen gegangen, wenn nicht Eines sie immer wieder zusammengehalten hätte, nämlich der catalogus episcoporum. Wir haben die Betrachtung desselben oben übergangen, um dieselbe hier im Zusammenhange zu bringen.

Es fällt bei dem Monachus Kirsgartensis auf, dass er so manche Lebensbeschreibungen der Bischöfe mit dem Begräbnis beginnt. An dieser Eigentümlichkeit ist eben der catalogus episcoporum schuld, den er seiner ganzen Kronik zu Grunde gelegt hat und durch den er derselben einen gewissen offiziellen Karakter gegeben hat. Da wo unser Autor den catalogus zuerst erwähnt, S. 13, haben wir auch das einzige Mal den Fall, dass er den vorgefundenen Stoff kritisch betrachtet. Er hatte in den „Flores temporum", jener minoritischen Kaiser- und Papstkronik des Mittelalters, die er dem Hermann (von Genua) aus dem Orden des hl. Wilhelm zuschreibt, die Notiz gefunden, dass Worms bis in die Zeiten Gregors III. (731—741) Erzbistum gewesen sei, bis dann von diesem Papste der Archiepiskopat auf Mainz übertragen worden sei. Gegen diese Nachricht führt nun der Mon. Kirsg. eine offizielle Wormser Quelle, den erwähnten catalogus episcoporum, ins Treffen: ja, er begnügt sich nicht mit einem beliebigen Exemplar desselben, sondern hat alle Abschriften, deren er habhaft werden konnte, im Wormser Hochstift, im St.-Pauls-Stift, in Neuhausen, bei den Predigermönchen, in Frankenthal und in Kirschgarten, mit einander verglichen, ein Beweis dafür, dass er diesen Katalog als die wichtigste Grundlage für seine Kronik ansah. Und so beginnt er folgerichtig, nachdem er durch diese seine offizielle Quelle die bisweilen unter den Wormser Bischöfen genannten Geroldus und Gervilio als Mainzer Erzbischöfe nachgewiesen hat, seine eigentliche Wormser Kronik mit den Worten: Incipit catalogus episcoporum ecclesiae Wormatiensis. Bei jedem Bischof nun bringt er zunächst die Notiz aus dem catalogus, dann erst, was er in anderen Quellen fand. Und so können wir mit allergrösster Wahrscheinlichkeit den ganzen Katalog rekonstruiren.

Im Anfang enthält derselbe nur Namen, meistens setzt dann der Mon. Kirsg. hinzu: de quo nihil invenio oder scribitur. Bei dem achten Bischof, Samuel, über den es in Worms überhaupt eine reichere Tradition gab, findet sich schon ein Zusatz über seine Amtszeit. Sonst treten erst von dem zehnten Bischof, Adelphinus (Adelhelm), S. 42, an die Ordinations- und Todestage hinzu, aber, wie in alten Nekrologien, anfangs ohne Jahr. Bei den Bischöfen von Franko bis Burkhard (S. 43—73) citirt der Mon. Kirsg. den catalogus nicht, weil hier die vita Burchardi seine reichhaltigere Quelle ist. Aber bei Azecho, S. 73, fusst er wieder auf dem catalogus episcoporum, allerdings hat er hier ausnahmsweise die Worte aus demselben, statt an den Anfang, an das Ende gestellt ($74,_{14-5}$). Mit dem neunzehnten Bischof, Arnold I. (S. 75), treten zu den Tagesdaten auch Jahreszahlen hinzu, freilich noch nicht regelmässig; so hat z. B. der 22. Bischof, Dietmar, nur das Tagesdatum.

Im zwölften und dreizehnten Jahrhundert werden die Notizen des catalogus episcoporum inhaltreicher. Kurze Berichte über die Taten der Bischöfe werden hinzugefügt, wie z. B. $92,_{10-15}$. Da wird es allerdings schwerer, den

Text des Kataloges auszuscheiden; aber eine Andeutung, wie es zu machen sei, finden wir im Mon. Kirsg. bei der vita des 29. Bischofs, Landolfs von Hoheneck, MK 116—117. Dort steht zuerst $116_{,28}$—$117_{,4}$ ein kurzer Abriss seines Lebens bis zum Begräbnis, dann folgen die Regesten zweier Urkunden für Neuhausen, und zu der zweiten dieser Urkunden bemerkt unser Mönch ($117_{,14}$): de quo tamen nihil supra posui, quia in catalogo episcoporum hoc non reperi, sed in libro compositionis istius invenitur. Somit ist klar, dass die Notiz aus dem Bischofskatalog nur von $116_{,23}$—$117_{,4}$ geht. Und da nun als Einleitung zu der vita eines jeden Bischofs eine solche kurze Uebersicht über sein Leben steht, so darf man wol annehmen, dass diese Notizen alle aus der gleichen Quelle geflossen sind. Sie beginnen meist: N. N. successit [in episcopatu]; und nach der kurzen Uebersicht führt der Mon. Kirsg. meistens fort: Iste .... oder: Tempore eius .... Zu bemerken ist noch, dass Gegenbischöfe, welche nicht zur Alleinherrschaft gelangt sind, im catalogus episcoporum nicht aufgeführt waren (MK $100_{,20}$).

Bisweilen hat der Mon. Kirsg. auch dadurch, dass er andere Quellen neben dem Bischofskatalog benutzte, Bischöfe doppelt aufgeführt und wundert sich dann, dass er sie im Katalog nicht findet. So hat er nicht bedacht, dass er unter Bischof Landolf (S. 116—129) schon die ganze Zeit seines Nachfolgers Richard mit behandelt hat. Und wie er nun nach dieser Zeit in irgend einer Quelle einen Bischof Cuno de Buricken findet, da steht derselbe natürlich nicht „mortuo Landolpho" im catalogus. Er ist vielmehr identisch mit Cunradus III. de Durcken (Dürkheim), dem Nachfolger Richards (S. 130). Als solcher stand er auch im Bischofskatalog.[1])

Ein ähnliches Versehen findet sich S. 141, das wieder nur durch ungeschickte Benutzung mehrerer Vorlagen entstanden ist. Zuerst berichtet der Mon. Kirsg. Z. 3 fg. nach

---

1) Wir haben hier, da uns daran liegt, den catalogus episcoporum zu reconstruiren, im Sinne des Letzteren geschrieben. In Wahrheit war die Reihenfolge der Bischöfe: Landolf, Konrad, Richard.

seiner uns unbekannten Quelle ohne alle Tagesdaten und Jahresangaben, dass „mortuo Simone episcopo" erst Gerhardus Hirsutus, dann ein Herr von Strahlenberg, dann Emich im Episkopat gefolgt sei, „eligitur", wie es beide Male, im cap. XLVII und XLVIII, heisst. Dann erst folgt von $141_{,27}$ an der catalogus episcoporum mit seiner genauen Datirung und dem üblichen „successit". Und da ersehen wir denn, dass die beiden oben zuerst genannten Bischöfe Gerhard und der Herr von Strahlenberg nur Eine Person, nämlich Eberhard II. von Strahlenberg ($141_{,27}$—$142_{,1}$), sind, und dass, damit die Reihenfolge nicht gestört werde, der oben erwähnte Emich hier ($142_{,1-9}$) noch einmal als Emicho de Bobenberg, d. h. ein Raugraf von Boyenburg, wiederholt werden musste.

Nach diesen Erörterungen wird es möglich sein, mit einiger Wahrscheinlichkeit die Quelle wiederherzustellen, und so dürfte der von dem Bischof und dem Hochstift anerkannte Wormser Bischofskatalog um das Jahr 1500 etwa folgende Zusammensetzung gehabt haben:

1) Victor.
2) Rocholdus.
3) Amandus.
4) Rupertus.
5) Bernharius.
6) Folwicus.
7) Ambrandus.
8) Samuel successit Ambrando in episcopatu Vangionum anno Domini 855, qui obiit VII Id. Februarii, sepultus in Nuhusen ante altare sanctae crucis.
9) Gunto.
10) Adelphinus, qui obiit XVII Kalend. Februarii.
11) Titlacus obiit XVI Kalend. Augusti. Sed Kalend. Septembris in Wormatia translatus.
12) Irichewo obiit VI Idus Octobris.
13) Anno obiit IX Kalend. Januarii.
14) Hildebordus ordinatus fuit Nonis Januarii et obiit pridie Non. Augusti

15) Franco.
 [Erpho, Razo] } fehlen.
16) Burchardus
17) Azecho fuit ordinatus V Nonas Decembris et obiit XIII Kalend. Februarii.
18) Adelgerus successit Azechoni: obiit XIII Kalend. Augusti.
19) Arnoldus[1]), $75_{,19-25}$ bis octo mensibus.
20) Adelberus, $76_{,16-19}$ bis annis sex.
21) Adelbertus, $76_{,10-24}$ bis in Nuhusen.
22) Ditmarus, $77_{,18-14}$ bis Kalend. Octobris.
23) Buggo, $77_{,18-33}$ (?); dazu $92_{,10-13}$ bis specialiter.
24) Conradus I.
25) Conradus II.
26) Henricus, $105_{,9-13}$ bis Wormatiensis.
27) Lupoldus mortuo Henrico successit in episcopatu [homo multum malitiosus et tyrannus magnus] qui obiit XVI Kalend. Februarii.
28) Henricus, (?) $110_{,24} - 111_{,12}$ und (?) $115_{,34} - 116_{,3}$.
29) Landolphus, $116_{,23} - 117_{,4}$ bis Medardi episcopi.
30) Richardus, $130_{,4-19}$.
31) Conradus III, $130_{,22-28}$ bis septimo.
32) Eberhardus, $130_{,31} - 131_{,4}$ bis in Otterburg.
33) Fridericus, $133_{,25-28}$ bis octogesimo tertio.
34) Simon, $139_{,28} - 140_{,30}$ bis in choro.
35) Eberhardus II, $141_{,27} - 142_{,1}$ bis Schonhouia.
36) Emicho, $142_{,1-9}$ bis diebus tribus, vielleicht $-142_{,10}$ bis anno Domini 1296.
37) Eberbinus, $142_{,28-33}$ bis Kalend. Maii.
38) Emericus, (?) $143_{,20-33}$.
39) Henricus III, $144_{,13-10}$.
40) Cuno, $144_{,13-22}$ bis duorum episcoporum.
41) Salmannus.
42) Theodericus. } Hier ist eine Benutzung des catalogus
43) Johannes.   episcoporum nicht ersichtlich.

---

1) Von hier, wo die Notizen reicher werden, citiren wir nur.

44) Eckardus. } Hier ist eine Benutzung des catalogus episcoporum nicht ersichtlich.
45) Matthaeus, $151,_{7-10}$ und (?) $151,_{22-24}$.
46) Joannes, $153,_{3-7}$.
47) Fridericus.
48) Ludewicus. } Hier ist eine Benutzung des catalogus
49) Reinhardus. } episcoporum nicht ersichtlich.
50) Joannes.

III.

Die Zorn'sche Kronik.

Schannat, hist. ep. Worm. I, praefatio, pag. 1, nennt unter seinen Quellen eine Wormser Kronik des Michael Gassen, die Werke des Friedrich Zorn, sowie des F. B. von Flersheim, und citirt ausserdem an mehreren Stellen den Monachus Kirsgartensis. Die Entstehungszeit aller dieser Werke ist das sechzehnte Jahrhundert; es mögen also die Verfasser, die alle in Worms selbst gelebt haben und daselbst für ihre Werke grossenteils die nämlichen Quellen brauchen mussten, wol unter einander in persönliche Berührung gekommen sein. Jedenfalls musste einem Jeden von ihnen das Vorhandensein der älteren Werke bekannt sein. Da drängt sich uns denn ohne Weiteres die Frage auf: Wie kam es, dass in so kurzen Zwischenräumen sich immer wieder ein Neuer veranlasst sah, eine Geschichte der Stadt Worms zu schreiben? Neues Material war ja wenig beizubringen, und an eine kritische Behandlung des alten dachte jene Zeit nicht. Wir müssen daher nach inneren Gründen für die stets erneute Bearbeitung suchen.

Ganz am Anfang des Jahrhunderts schrieb der Mönch von Kirschgarten. Seine Absicht war, zusammenzustellen, was sich zum Lobe der Stadt sagen liess und was er über die Vergangenheit der Stifter des Sprengels in Erfahrung bringen konnte. Die Zeit, die er selbst erlebt, schildert er fast gar nicht; mit einigen Schnurren und Schwänken endet sein Werk.

Ihm folgt der Zeit nach Michael Gassen, der, wie Schannat (praef. pag. 1) angibt, 1530 starb. Sein Werk ist uns nicht erhalten, doch dürfen wir einige Schlüsse aus den

Citaten bei Schannat[1]) ziehen. Das Werk war eine vollständige Kronik, höchstwahrscheinlich eine Bischofskronik, die von der alten Zeit bis in die Gegenwart des Verfassers reichte; besonderen Wert legt ihr aber Schannat nur da bei, wo der Verfasser als Augenzeuge berichtet und wo er, nach den Citaten 205 6 und 419 20 zu schliessen, recht ausführlich wird. Somit scheint es, als habe Michael Gassen in erster Linie Selbsterlebtes erzählen wollen und nur der Vollständigkeit halber auch die Vergangenheit berücksichtigt.

Auf ihn folgt Friedrich Zorn[2]), ein Rektor der Wormser Stadtschule, der sein Werk im Jahre 1570 beendete. Was ihn veranlasste, schon so bald eine neue Wormser Kronik zu schreiben, ist zwar weder von ihm selber noch von dem Herausgeber seines Werkes gesagt worden. Dennoch ist der Beweggrund unverkennbar. Er hatte gar nicht die Absicht, ein rein historisches Werk zu schreiben. Wenn man aus dem Druck bei Arnold, wie er heute vorliegt, alle durch eckige Klammern gekennzeichneten Zusätze Flersheims ausscheidet, so bleibt als ursprünglicher Zorn'scher Text ein dünnes Heft übrig, das einen Umfang von etwa zwei Fünfteilen der vereinigten Zorn-Flersheim'schen Kronik hat. Auf diesem engen Raum ist die Geschichte der Stadt behandelt. Zorn macht dabei gar keinen Anspruch auf Vollständigkeit; um nur ein Beispiel anzuführen, genügt es, auf S. 60—61 zu verweisen, wo die ganze zwanzigjährige Regierung des Bischofs Leopold, welche in eine der bewegtesten Zeiten deutscher Geschichte, 1197—1217, fällt, ein Zusatz Flersheims ist und von Zorn ausgelassen war.

Ebensowenig wollte der Verfasser seine kurzgefasste Kronik zur Einleitung eines Memoirenwerkes über die Ereignisse seiner Zeit machen. Er schloss vielmehr sein Buch schon im Jahre 1570 ab, obwol er noch bis zum Jahre 1610 lebte. Und selbst die Darstellung der letzten Jahrzehnte

---

1) S. 375, 378, 415, 416, 418. 205 6. 419 20.
2) Die Lebensumstände des Kronisten siehe in der Arnold'schen Ausgabe, Einleitung. S. 2.

vom Jahre 1526 an ist so unbedeutend und abgerissen, dass Arnold sie in seine Ausgabe gar nicht mit aufgenommen hat. Das Jahr 1526 aber, mit welchem bei Zorn die geschlossene Darstellung abbricht, ist das Jahr, in welchem der letzte Vertrag über die Stadtverfassung zwischen dem Bischof und der Bürgerschaft geschlossen worden war. Wenn wir diesen letzten Umstand im Auge behalten und dann den reinen Zorn'schen Text noch einmal lesen, dann erkennen wir auch den Zweck und den Plan der Arbeit. Der Kampf um die Stadtverfassung, das ist der Mittelpunkt des ganzen Buches, und alle Teile der Erzählung haben die Absicht, ihn zu erläutern. Dann erscheint es begreiflich, dass so manche Lücken in der Darstellung sind und dass ein späterer Ueberarbeiter noch so Vieles aus der Vergangenheit der Stadt hinzufügen konnte. Das Werden und Wachsen der Bischofsmacht, das Aufblühen der Bürgerschaft und das Verhältnis Beider zum Reiche, das musste zur Darstellung gelangen. Private Angelegenheiten der Bischöfe, wie sie in eine Bischofskronik gehörten, Fehden der Bürger, die in einer Bürgerkronik ihren Platz hatten, waren hier störend: jegliche Anhäufung von Namen und Zahlen musste verwirren. Hier hat der Autor klug das Mass gehalten.

Als Friedrich Zorn nach Beendigung seiner Arbeit das Datum hinzufügte: anno 1570 den 12 augusti, stand er, der 1538 geboren war, im blühendsten Mannesalter. Und mit seinem Herzblut hatte er sein Buch geschrieben. Dasselbe weicht daher denn auch von allen früheren und späteren Arbeiten über Wormser Geschichte wesentlich ab; drei Merkmale besonders sind ihm eigen.

Es ist in deutscher Sprache abgefasst und war daher zweifellos bestimmt, auf einen grösseren Kreis zu wirken. Schlicht und schmucklos ist die Sprache, bisweilen, besonders wo der Verfasser seine Quelle wörtlich verdeutscht, etwas ungelenk.

Doch wird man dafür entschädigt durch das Zweite, die völlige Beherrschung des Materials. Zorn steht über seinem Stoff, daher ist sein Werk keine blosse Kompilation, sondern eine Darstellung, bei der man die Mühe der Ausarbeitung nicht mehr erkennt.

Das Dritte aber und das Wichtigste ist die Auffassung der geschichtlichen Vorgänge, die der Autor durch sein ganzes Werk hindurch zum Ausdruck bringt und die dem Ganzen seine Einheit gibt. Die Darstellung bewegt sich so, dass der Kronist von einem Ruhepunkte der Entwicklung bis zum nächsten fortschreitet und dort wieder Halt macht und Umschau hält. Dann muss er bisweilen Einzelheiten nachholen, die er auf dem grossen Gange seiner Darstellung abseits hat liegen lassen; dann liebt er es aber auch, eigene Betrachtungen einzuflechten, Vergleiche mit der Gegenwart, Hinweisungen auf Zukünftiges. Und an solchen Stellen spricht er auch sein Urteil über die Dinge aus, sein Verdammungsurteil über die bischöfliche Politik. Wie schon erwähnt, stehen diese Aussprüche an vielen Orten verstreut; soll man die Stelle nennen, welche der Ansicht des Verfassers den präcisesten Ausdruck leiht, so dürfte man wol Z 82,$_6$ fg. als solche bezeichnen: ist also die alte fürnehme stadt Worms mit brand und krieg, geistlichem bann und anderen also beschädigt worden, dasz unsüglich ist und immer ewiglich zu erbarmen, und disz alles um der bischof und pfaffheit willen.

Kein Zweifel, die unverfälschte Zorn'sche Kronik ist eine Parteischrift, die Liebe zu seiner Vaterstadt macht den Verfasser einseitig. Wir dürfen dies nie vergessen, wenn wir das Werk als historische Quelle benutzen; wir dürfen uns auch nicht wundern, wenn wir in Einzelheiten, die dem Verfasser für seinen Zweck geringfügig schienen, in den Zeitangaben u. s. f., mancherlei Ungenauigkeiten finden. Aber andrerseits, wie meistens eine Anklage unbefangener ist als eine Verteidigung, so gibt uns auch Zorn, besonders im Vergleich zu späteren Parteischriften, hier einen Beweis seines Masshaltens trotz aller Tendenz, seiner ehrlichen Kampfesweise. Er vertritt ja die Sache der kräftig aufgeblühten Partei, nicht diejenige der in ihren Rechten angegriffenen. Er will nicht Verlorenes beanspruchen, er will Gewordenes beurteilen; seine Parteinahme entspringt aus keinem anderen

Interesse, als reinem Herzensbedürfnis; er stimmt daher nicht den Ton der Erbitterung, sondern den der Klage an.

Die Zorn'sche Kronik war, wie wir gesehen haben, ihrer Anlage gemäss nur lückenhaft, eine erschöpfende Kunde der Vergangenheit konnte sie nicht bieten. Wol aber war sie als einzige deutsche Kronik eine bequeme Grundlage für weitere deutsche Eintragungen. So fand sie schon bald einen Ueberarbeiter in Franz Bechtolf[1]) von Flersheim, einem Abkömmling der bekannten mit Franz von Sickingen verschwägerten Familie von Flersheim. Eine gewaltige Menge von Zusätzen hat er in den Urtext eingereiht, auf mehr als das Doppelte ist die Kronik dadurch angewachsen, Wichtiges und Unwichtiges steht durch einander. Mit den Anschauungen Zorn's muss er wol übereingestimmt haben, er selbst aber äussert kein Urteil, sondern reiht die historischen Notizen ein, wie er sie findet. Die Wertschätzung seiner Arbeit kann verschieden ausfallen; seine historischen Angaben sind unverfälschter und zuverlässiger, als die seines Vorläufers, aber die ältere Zorn'sche Kronik hat er bis zur Unkenntlichkeit entstellt.

Arnold[2]) will bei Schannat gefunden haben, Flersheim habe das Werk des Michael Gassen fortgesetzt. Dann habe, so conjicirt Arnold weiter, Zorn auf Grund dieser Doppelarbeit seine Kronik geschrieben, die dann von Flersheim abermals erweitert sei. Diese Hypothese ist aus einem Uebersetzungsfehler Arnold's entstanden. Schunnat, praefatio, pag. 1 spricht zuerst von Michael Gassen und fährt dann fort: Franciscus Bertholdus de Flersheim, vir equestris dignitatis, opus suum perduxit usque in annum 1604. Das opus „suum" ist aber Flersheim's „eigenes" Werk, nicht das des Michael Gassen. Somit ist die Hypothese Arnold's zu verwerfen, und

---

1) So muss der Name lauten. Arnold in der Einleitung zur Zorn-schen Kronik, S. 2, gibt verschiedene Formen des Namens, lässt aber diese einzig richtige Form desselben aus. Bechtolf war der beliebteste Familienname in der Familie derer von Flersheim. Vgl. die Flersheimer Kronik, hrsg. v. O. Waltz. Leipzig 1874.
2) Zorn'sche Kronik, Einleitung, S. 3.

es bleiben für die Zorn'sche Kronik nur die zwei Autoren: Friedrich Zorn und Franz Bechtolf von Flersheim.

Welche Quellen haben nun diese beiden Schriftsteller für ihre Arbeiten benutzt? Für die ältere Zeit stand ihnen eine grosse Reihe von Autoren zur Verfügung, die meist schon gedruckt waren: Caesar, Tacitus, Ammianus Marcellinus u. A., dann Aventinus, Hartmann Schedel; Flersheim citirt gern den Trithemius und Marianus Scotus. Daneben wurde auch handschriftliches Material benutzt: die Stelle aus der „historia Eginhardi" (27,₅) stammt aus den Ann. Lauriss. min. (MG. SS. 1, 118); die Stelle aus dem „Seelbuch des Klosters Lorsch" (29,₁₀) ist dem Chron. Lauresham. (Freher, I, 109; MG. SS. XXI, 364) entnommen; die Stelle „in veteri chronico" (31,₄) stammt aus den ann. Fuld. pars III, MG. SS. I. 382 u. 385 u. s. w. Auch die älteren Wormser Aufzeichnungen, die vita Burchardi, die vita Eckenberti u. A. waren den Verfassern bekannt. Vor Allem aber stand ihnen reiches Urkundenmaterial zu Gebote, das besonders Flersheim gern benutzt.

Den im vorigen Abschnitt besprochenen catalogus episcoporum hat Zorn seiner Darstellung nicht zu Grunde gelegt. Seine Bischofsreihe weicht in mehreren Punkten durch eingeschobene namenlose Bischöfe[1]) von der offiziellen Liste ab. Vor Allem führt er die von dem Mon. Kirsg. an der Hand des catalogus episcoporum zurückgewiesenen Bischöfe Geroldus und Gervilio auf S. 22 wieder ein.

Da wir unsre ganze Untersuchung stets im Hinblick auf die WA führen, so muss uns am meisten daran liegen, die Quellen Zorn's und Flersheim's für das dreizehnte Jahrhundert festzustellen und auszuscheiden. Arnold, der Herausgeber des Zorn-Flersheimischen Werkes, sagt in der Vorrede S. 4, Z. 22, Flersheim habe „dieselben guten Quellen gehabt wie Zorn", bleibt aber für diese Ansicht, wie für sehr viele andere Aufstellungen auf S. 3 und 4 den Beweis schuldig. Aus der Kronik selbst lässt sich gar nichts schliessen, weder

---

1) Vgl. S. 20 fg. das öftere N. N.

dass die beiden Autoren dieselben, noch dass sie verschiedene Quellen benutzt haben. Wir haben nur ein einziges, noch dazu recht umständliches Mittel gefunden, um wenigstens etwas über die Quellen zu ermitteln.

Wir stellen im Folgenden durch das ganze dreizehnte Jahrhundert hindurch die Stellen aus dem Monachus Kirsgartensis und der Zorn-Flersheimischen Kronik zusammen, wie sie einander inhaltlich entsprechen:

1) MK $110{,}_{24-28}$ . . . Z $61{,}_{27-28}$.
2) MK $110{,}_{28}$—$111{,}_{2}$. fehlt.
3) MK $111{,}_{2-6}$ . . . Z $61{,}_{29-31}$.
4) MK $111{,}_{6-8}$ . . . Z $61{,}_{36}$—$62{,}_{6}$.
5) MK $111{,}_{8-10}$ . . fehlt.
6) MK $111{,}_{10-14}$ . . Z $64{,}_{3-5}$.
7) MK $111{,}_{14-25}$ . . Z $69{,}_{35}$—$70{,}_{7}$.
8) MK $111{,}_{25-31}$ . . Z $70{,}_{81-84}$.
9) MK $111{,}_{31}$—$113{,}_{7}$. Z $65{,}_{8-21}$.
10) MK $113{,}_{7-23}$ . . . Z $64{,}_{6}$—$65{,}_{21}$.
11) MK $113{,}_{23}$—$115{,}_{33}$ Z $70{,}_{11-20}$.
12) MK $115{,}_{34}$—$116{,}_{3}$. Z $74{,}_{4-9}$.
13) MK $116{,}_{3-11}$ . . . Z $70{,}_{35}$—$71{,}_{15}$.
14) MK $116{,}_{11-20}$ . . Z $73{,}_{27-31}$.
15) MK $116{,}_{23-29}$ . . Z $74{,}_{13-18}$.
16) MK $116{,}_{29-33}$ . . Z $82{,}_{15}$—$83{,}_{10}$.
17) MK $116{,}_{34}$—$117{,}_{4}$. Z $88{,}_{26-27}$.
18) MK $117{,}_{4-8}$ . . . fehlt.
19) MK $117{,}_{8-19}$ . . Z $85{,}_{10-14}$.
20) MK $117{,}_{19-28}$ . . Z $84{,}_{27-32}$.
21) MK $117{,}_{28}$—$118{,}_{18}$. Z $83{,}_{11-16}$.
22) MK $118{,}_{18-21}$ . . fehlt.
23) MK $118{,}_{21}$ . . . . Z $88{,}_{26-27}$.
24) MK $118{,}_{22-29}$ . . Z $76{,}_{27}$—$77{,}_{7}$.
25) MK $118{,}_{33}$—$119{,}_{27}$. Z $74{,}_{35}$—$76{,}_{27}$.
26) MK $119{,}_{27}$—$120{,}_{16}$. Z $77{,}_{33}$—$79{,}_{7}$.
27) MK $120{,}_{16-33}$ . . Z $80{,}_{10}$—$81{,}_{1}$ u. 81, d. Anm.
28) MK $120{,}_{33}$—$121{,}_{18}$. Z $81{,}_{14}$—$82{,}_{3}$ m. Auslassg. v. $81{,}_{15-20}$.

29) MK 121_{16-21} . . Z 83_{17-19}.
30) MK 121_{22-25} . . fehlt.
31) MK $121_{25}-125_{5}$. Z $95_{9}-99_{25}$.
32) MK 125_{5-9}. . . Z 99_{25-29}.
33) MK 125_{9-15} . . Z 100_{11-20}.
34) MK 125_{15-20} . . Z 99_{20-32}.
35) MK 125_{20-31} . . Z $99_{34}-100_{11}$.
36) MK 125_{31-34} . . Z $100_{30}-101_{1}$.
37) MK $125_{34}-126_{18}$. Z $101_{15}-102_{17}$.
38) MK 126_{18-21} . . fehlt.
39) MK 126_{21-28} . . Z 104_{1-8}.
40) MK 126_{29-32} . . Z 104_{28-31}.
41) MK 126_{32-33} . . fehlt.
42) MK $126_{34}-127_{3}$. Z $104_{35}-105_{3}$.
43) MK 127_{3-15} . . Z $105_{4}-106_{15}$.
44) MK 127_{19-23} . . Z 106_{14-17} u. $24-27$.
45) MK 127_{23-28} . . fehlt.
46) MK 127_{28-34} . . Z 105_{14-19}.
47) MK $127_{34}-128_{12}$. Z 109_{28-36}.
48) MK 128_{12-16} . . Z 112_{7-20}.
49) MK 128_{16-24} . . Z 114_{29-36}.
50) MK 128_{24-31} . . Z 110_{23-29}.
51) MK 128_{31-33} . . fehlt.
52) MK $128_{33}-129_{27}$. Z 111_{7-38}.
53) MK 129_{30-31} . . Z $88_{28}-89_{1}$.
54) MK 130_{1-15} . . Z 108_{32-35}.
55) MK 130_{15-19} . . fehlt.
56) MK 130_{22-28} . . Z $88_{28}-89_{1}$.
57) MK $130_{31}-131_{4}$. Z 109_{4-6} u. 128_{17-19}.
58) MK 131_{4-7}. . . Z 28_{29-31}.
59) MK 131_{7-15} . . Z 110_{23-29}.
60) MK $131_{16}-132_{6}$. fehlt.
61) MK $132_{7}-133_{19}$. Z 93_{18-21} u. $93_{30}-95_{6}$.
62) MK 133_{19-22} . . Z 119_{31-34}.
63) MK 133_{25-28} . . Z 128_{24-29}.
64) MK $133_{28}-134_{25}$. Z 125_{19-22}.
65) MK $134_{25}-136_{15}$. fehlt.

66) MK $136,_{15}$—$139,_{25}$. Z $125,_{25-31}$.
67) MK $139,_{20}$—$140,_{30}$. Z $129,_{22-23}$; $129,_{13}$—$130,_{7}$; $129,_{25-27}$.
68) MK $140,_{32-34}$. . . fehlt.
69) MK $141,_{3-7}$. . . fehlt.
70) MK $141,_{10-12}$ . . Z $130,_{19-20}$.
71) MK $141,_{12-16}$. . . Z $130,_{20-24}$.
72) MK $141,_{19-23}$. . . Z $130,_{36-37}$.
73) MK $141,_{27}$—$142,_{1}$. Z $130,_{16-19}$.
74) MK $142,_{1-10}$. . . Z $130,_{19-20}$.
75) MK $142,_{11-19}$. . . Z $130,_{20-32}$.
76) MK $142,_{20-25}$. . . Z $131,_{26-28}$.

Wir betrachten alle diese Uebereinstimmungen zunächst nur als inhaltliche Uebereinstimmungen; dass sich unter ihnen einige mehr, einige weniger wörtlich entsprechen, berücksichtigen wir später. Wir citiren unsre Tabelle: MK—Z mit hinzugefügter Nummer.

Ein Blick nun auf die Tabelle genügt, um zu erkennen, dass der Monachus Kirsgartensis nur dem ursprünglichen Zorn'schen Text, nicht aber den Flersheim'schen Zusätzen entspricht; es findet sich nicht ein einziges Fl. in der Tabelle. Wenn dies schon im grossen Ganzen klar ist, so zeigt es sich sehr deutlich an MK—Z nr. 12, 20, 26 (Anfang), 50, 62, und ganz besonders nr. 44 und 49. Wären solche Uebereinstimmungen nur ab und zu vorhanden, so dürfte man sie für Zufälligkeiten halten und auf sie kein Gewicht legen; es hätten dann Zorn und der Mönch von Kirschgarten zufällig aus ihren Quellen einzelne gemeinsame Stellen, die bei Flersheim fehlen, nichts weiter. Wenn aber ohne jegliche Ausnahme diese Erscheinung durch ein ganzes Jahrhundert hindurch zu Tage tritt, so hört der Zufall auf. Und so ziehen wir aus der gegebenen Thatsache die folgende Schlussfolgerung:

Sicher ist, dass Flersheim und der Mönch von Kirschgarten verschiedene Quellen gehabt haben; denn, hätten ihnen die gleichen vorgelegen, so müssten beide innerhalb eines ganzen Jahrhunderts hie und da Berührungspunkte haben. Solche fehlen aber gänzlich. Somit ist festzuhalten: Keiner der Zusätze Flersheims, der die Geschichte des dreizehnten Jahrhunderts betrifft, kann aus einer der Quellen des Mon. Kirsg. stammen.

Was nach Ausscheidung der Stellen, die in unsrer Tabelle MK—Z aufgeführt sind, von dem alten Zorn'schen Text noch übrig bleibt, das kann teils den Quellen entstammen, die der Mon. Kirsg. benutzt hat, teils denen, welche Flersheim vorlagen. Hier ist keine allgemeine Regel aufzustellen, hier müssen die einzelnen Stellen geprüft werden. Die Stellen des Zorn'schen Textes aber, welche in der Tabelle MK—Z stehen, sind aus anderen Quellen geflossen, als Flersheim benutzt hat. Denn diesen Stellen entsprechen ja solche aus dem Mon. Kirsg.

Bei der Feststellung von wörtlichen Uebereinstimmungen zwischen dem Mon. Kirsg. und Zorn muss man sich hüten, zu weit zu gehen. Wenn entsprechende Notizen nur aus Namen, Daten und Zahlen bestehen und diese hüben und drüben auch übereinstimmen, so ist damit eine Verwandtschaft der beiden Stellen noch nicht unbedingt nötig. Es müssen dazu noch stilistische Gleichheiten kommen. Andrerseits aber dient bei zwei anscheinend im Wortlaute ganz von einander abweichenden Stellen schon eine einzelne karakteristische Wendung dazu, das Vorhandensein einer im Hintergrunde stehenden gemeinsamen Quelle zu erweisen.

Nach diesen Grundsätzen sondern sich aus unsrer Tabelle MK—Z zuerst die Nummern 1, 2, 12, 15, 16, 17, 54, 55, 56, 57, 63, 67, 73, 74 aus. In diesen Parallelstellen findet sich keine wörtliche Uebereinstimmung. Es sind dies aus dem Mon. Kirsg. alle die Stücke, die wir oben in den catalogus episcoporum verwiesen haben; und so ergibt sich hier ein erneuter Beweis dafür, dass Zorn den Bischofskatalog, welchen man im Hochstift bewahrte, nicht benutzt hat.

Unter den Stellen, welche bei Zorn gar kein entsprechendes Citat finden, sind nur drei nicht unterzubringen:

nr. 41, 45, 51. Die übrigen aus der Zahl dieser Stellen sind nicht annalistischem oder kronikalischem Material entlehnt, sondern sicher frei stilisirt: die nr. 30 bringt eigene Worte des Mon. Kirsg., die nr. 5, 18, 22, 60, 65, 68 registriren Urkunden, und nr. 38 und 69 sind historische Unmöglichkeiten.

Weitere Citate unsrer Tabelle betrachten wir erst, wenn wir in die Untersuchung der „Wormser Annalen" eingetreten sind.

IV.
Die Ueberlieferung der „Wormser Annalen".

Als J. Fr. Böhmer bei seinen Studien über Rheinische Geschichte auch den Monachus Kirsgartensis und die Zorn'sche Kronik benutzte, leuchtete ihm ein, dass diesen beiden Werken zweifellos ältere Wormser Aufzeichnungen zu Grunde liegen müssten. Diese letzteren wieder aufzufinden, war er jahrelang eifrig bemüht. Sie unversehrt wieder zu erlangen, ist ihm freilich nicht gelungen; diese Hoffnung wird sich auch wol nicht mehr erfüllen. Doch verdanken wir Böhmer's Nachforschungen reiche Fragmente, welche sich in den folgenden Handschriften fanden[1]):

Handschr. 1 (bei Böhmer: a.): Ein Bogen klein folio mit Excerpten, welche im Jahre 1512 der geschworene Leser des Reichskammergerichts, Jakob Fiemel, aus einer dem Reichskammergericht vorgelegten Wormser Originalkronik ausschrieb. Die Citate des Böhmer'schen Abdrucks dieser Handschrift finden sich bei Boehmer, fontes II, S. XXI.[2])

Handschr. 2 (bei Böhmer: c.): Eine Reihe von Nachrichten „ex veteri manuscripto libro latino chronicorum Wormatiensium", welche sich im Anhange zu einem Exemplar der Zorn'schen Kronik fanden.

Handschr. 3ª (bei Böhmer: b): Ein Kodex in Darmstadt, welcher nach einer unbedeutenden Bischofskronik aus-

---

1) Wir führen die Handschriften nicht nach der älteren Böhmer'schen Benennung auf, sondern so wie Pertz sie zählte, und zwar deshalb, weil der Letztere zu einer Handschrift noch eine Parallelhandschrift fand. In Einem Punkte müssen wir freilich auch von Pertz abweichen.

2) Um nicht alle Aeusserlichkeiten der einzelnen Handschriften zu wiederholen, verweisen wir für diese auf Böhmer, fontes II. S. XXI fg. und MG. SS. XVII, 35 fg.

gedehnte Notizen über die Geschichte der Stadt Worms im dreizehnten Jahrhundert bietet. Die Citate für den Böhmerschen Abdruck dieser Handschrift finden sich: fontes II, S. XXII. Zu dieser Handschrift fand Pertz noch eine fast gleichlautende zweite, die er daher 3ᵇ nannte. 3ᵃ und 3ᵇ weichen nur in einzelnen Lesarten von einander ab; für die Betrachtung des Inhalts können wir sie als eine einzige Handschrift, die wir 3ᵃᵇ nennen wollen, betrachten. Durchaus zu misbilligen ist es dagegen, dass Pertz neben diese beiden den Mon. Kirsg. wie eine dritte Parallelhandschrift stellt und denselben mit 3ᶜ bezeichnet. Die Kronik des Mönches von Kirschgarten ist ein Werk für sich und hat als Ganzes betrachtet mit den „Wormser Annalen" nichts zu tun. Berührungspunkte zwischen beiden sind da, wir werden dieselben auch feststellen.

Eine Handschr. 4 (bei Böhmer: e) gab nur das Stück B 180,₂₄—181,₁₂, ist also nur von geringem Wert.

Das Verhältnis der drei hauptsächlichen Handschriften, 1, 2 und 3ᵃᵇ, ist das, dass 1 die Brücke zwischen 2 und 3ᵃᵇ bildet. In Handschrift 1 steht nichts, was nicht auch entweder in 2 oder in 3ᵃᵇ stünde. Dazu kommen noch ein paar, freilich nur geringe, Uebereinstimmungen zwischen 2 und 3ᵃᵇ. Es war aus diesen Gründen für Böhmer nicht zweifelhaft, dass der Inhalt der drei Handschriften aus einer gemeinsamen Quelle herrühre, welcher er den Namen „Wormser Annalen" gab. Seine Ausgabe ist nicht ein einfacher Abdruck der Handschriften, wie sie vorlagen. Böhmer hat vielmehr die verschiedenen Handschriften zusammen als ein einheitliches Geschichtswerk behandelt, dessen Anordnung nur durch die verschiedenen Excerptoren gestört war, und er hat den einzelnen Fragmenten die Stellen angewiesen, die sie nach seiner Ansicht in dem gemeinsamen Urtext gehabt hatten.[1])

Pertz hielt, als er die Ausgabe für die Monumenta Ger-

---

1) Das Genauere über die Einrichtung der Böhmer'schen Ausgabe siehe in der Einleitung zu derselben. Böhmer, fontes II, S. XXI u. XXII.

maniae besorgte, an der Böhmer'schen Voraussetzung fest und leitete daraus ganz folgerichtig das Recht für den Herausgeber ab, noch freier mit dem Text der verschiedenen Handschriften zu verfahren. Er sah in den „Wormser Annalen" städtische Aufzeichnungen, welche gleichzeitig mit den Ereignissen und also streng kronologisch gemacht worden waren. Daher ordnete Pertz alle Fragmente in seiner Ausgabe nur nach der Zeitfolge, und, wo Lücken waren, ergänzte er dieselben durch Bruchstücke aus dem Monachus Kirsgartensis. Das war bei dem einmal eingenommenen Standpunkt völlig richtig; der Fehler Pertz' war nur der, dass er für die Richtigkeit seiner Ansicht keinen Beweis brachte. Und auffällig war schon gleich, dass sich die Fragmente überhaupt gar nicht kronologisch ordnen liessen, sondern dass bei Pertz häufig in zwei Kolumnen zwei von einander unabhängige Erzählungen gedruckt sind, welche zeitlich neben einander herlaufen.

Um ein möglichst unbefangenes Urteil zu gewinnen, müssen wir so weit zurückgehen, wie wir können, d. h. uns vorstellen, wir hätten die einzelnen Handschriften als solche erst eben gefunden. Unabhängig von den beiden im Princip so verschiedenen Ausgaben müssen wir die Untersuchung führen. Zum Citiren eignet sich Böhmer's Ausgabe besser, weil sie die Handschriften doch deutlicher erkennen lässt, als die Pertz'sche, welche das Handschriftenverhältnis ganz verwischt.

V.
Der Stil.

Wie ein jedes Ding durch vielfältige Benutzung zwar an praktischer Brauchbarkeit gewinnt, jedoch an manchen äusseren Merkmalen, an ursprünglichen scharfen Umrissen und karakteristischen Rauhheiten Einbusse erleidet, so insbesondere das allgemeinste Mittel menschlichen Verkehres, die Sprache.

Im dreizehnten Jahrhundert wurde viel geschrieben, und die lateinische Sprache war zur historischen Darstellung dem Erzähler ein gefügiges Mittel geworden. Aber eben deshalb, weil jetzt das Wort so leicht dem Gedanken sich unterordnete, weil der Geschichtschreiber nicht mehr mit dem Ausdrucke rang, vermochte der Einzelne nicht mehr, der Sprache sein Gepräge aufzudrücken. Und wir können nicht so sehr von dem Stil des Einzelnen, als von dem Stil des Jahrhunderts reden. Nur durch scheinbar unbedeutende Kleinigkeiten unterscheidet sich der Stil der einen historischen Quelle von dem der andern; aber eben dieses Kleine gewinnt für die Untersuchung Bedeutung.

Die Handschrift 1 unsres Geschichtswerkes ist zu kurz, als dass sich aus ihrer Betrachtung sichere Resultate ergäben. Zudem findet sich der Inhalt von 1 teils in 2, teils in 3[ab]. Darum beschränken wir unsre Stiluntersuchung auf 2 und 3[ab]; und zwar betrachten wir in diesem Abschnitt nur das rein Aeusserliche des Stiles. Ergäbe sich volle Stilgleichheit in beiden Handschriften, so wäre die Gleichzeitigkeit der Niederschrift mit den Ereignissen unmöglich. Denn ein Einzelner kann nicht durch ein ganzes Jahrhundert hindurch gleichzeitige Aufzeichnungen machen. Ergibt sich Verschiedenheit des Stiles, so muss anderweitige Untersuchung die Herkunft der verschiedenen Teile festzustellen suchen.

Im Allgemeinen weisen beide Handschriften ein gutes Latein auf, natürlich kein klassisches Latein. Im Gegenteil, jedem an das Letztere und an das Humanistenlatein gewöhnten Ohre müssen die karakteristischen Merkmale der Latinität des ausgehenden Mittelalters, wie unsre Handschriften sie bieten, barbarisch erscheinen. Zu solchen Merkmalen gehört der häufige Gebrauch des Supinum. (B $163_{,6}$: $169_{,30}$; $171_{,21}$ fg., $_{34}$; $176_{,4}$; $177_{,3.~19.~58}$; $180_{,2}$; $181_{,35}$; $188_{,13}$; $195_{,7, 19}$; $196_{,30}$; $200_{,15}$; $201_{,6}$; $205_{,25}$; $206_{,12}$.) Fast durchgehend sind suus und eius, sibi und ei verwechselt. (B $164_{,30}$; $172_{,5}$; $174_{,19}$; $177_{,6}$; $179_{,13}$; $182_{,3}$; $183_{,22}$; $197_{,38}$; $201_{,34}$. $161_{,31}$; $164_{,9}$; $165_{,29}$; $166_{,5, 9}$; $169_{,24}$; $171_{,27}$; $174_{,12, 34}$; $175_{,17}$; $178_{,27}$; $187_{,19}$; $189_{,14}$; $190_{,11}$; 193, $_{5. 26}$; $194_{,7, 30}$; $196_{,11}$; $199_{,23}$; $201_{,3. 4}$; $203_{,6, 9}$; $205_{,10}$.) Oft vertritt das part. praes. ein verbum finitum. (B $175_{,7, 5, 14}$; $176_{,24}$; $179_{,28, 29}$; $182_{,37}$; $183_{,19}$; $187_{,30}$; $189_{,22}$; $194_{,3}$; $197_{,25}$; $204_{,23}$.) Beliebt ist auch eine zwiefache, verstärkte Bildung des perf. pass., nämlich durch Zusammensetzung des part perf. pass. nicht mit dem praes., sondern mit dem perf. von esse. (B $159_{,7, 29}$; $160_{,5}$; $163_{,34}$; $164_{,21}$; $168_{,1, 37}$; $169_{,9, 14. 20. 24}$; $170_{,12}$; $171_{,28}$; $172_{,20}$; $175_{,5}$; $177_{,30}$; $179_{,19, 17}$; $181_{,34}$; $189_{,19}$; $190_{,21}$; $191_{,29, 38}$; $192_{,5, 15. 22. 28}$; $193_{,27}$; $197_{,2}$; $199_{,30}$; $200_{,2}$; $203_{,13}$; $204_{,22}$; $205_{,7}$; $205_{,24}$; $207_{,10}$.) Sehr verletzend für das Ohr wirkt das „ita quod c. ind." für „ita ut c. conj." (B $168_{,18}$; $171_{,28}$; $173_{,21, 26}$; $184_{,37}$; $186_{,11}$; $189_{,27}$; $190_{,27}$; $193_{,17}$; $198_{,14}$; $203_{,28}$.) B $180_{,34}$ steht sogar einmal taliter quod c. ind.

Wir haben diese Citate deshalb so ausführlich gegeben, weil wir zeigen wollten, dass diese Merkmale, welche für das Latein der letzten Jahrhunderte des Mittelalters karakteristisch blieben, bis der Humanismus sie verdrängte, sich durch beide Handschriften, sowol 2 wie $3^{a,b}$, hindurch ziehen. Es ist uns das eine Gewähr dafür, dass die Handschrift 2, welche erst im siebenzehnten Jahrhundert geschrieben ist, den Karakter der alten Aufzeichnungen bewahrt und nicht verwischt hat. Eine genauere Datirung der Entstehung unsrer Quelle ist uns freilich durch diese Beobachtungen nicht ermöglicht. Die Eigentümlichkeiten passen für das dreizehnte, vierzehnte und fünfzehnte Jahrhundert.

Mit den obigen Merkmalen haben wir die karakteristischen Uebereinstimmungen der beiden Handschriften erschöpft. Neben diesen gibt es aber eine grosse Anzahl von Verschiedenheiten, die wir im Folgenden zusammenstellen. Natürlich sind es auch hier nur Kleinigkeiten, die aber, mit Konsequenz durchgeführt, Beweiskraft gewinnen. Konsequenz aber ist erforderlich; wir werden darum auch hier erschöpfende Citate geben müssen.

Am Augenfälligsten ist, dass 3^{ab} die Tatsachen stets in breiter fortlaufender Darstellung bringt, während 2 eine Zusammenstellung von einzelnen, oft sehr knappen Notizen gibt. Nur Eine grössere zusammenhängende Erzählung findet sich in 2, die sich sogar durch Ueberschriften (B $184,_{22}$ und $192,_{9}$) kenntlich macht. Diese Erzählung erörtert die Händel der Stadt Worms mit dem Ritter Jakob von Stein; sie steht B $184,_{22}-185,_{11}$; $192,_{9}-196,_{18}$; $197,_{4}-199,_{11}$. Mit der ausführlicheren Darstellungsweise hängt es zusammen, dass 3^{ab} es bisweilen liebt, die Sätze etwas umständlich durch accidit quod c. ind. einzuleiten. (B $166,_{30}$; $168,_{12}$; $171,_{85}$; $177,_{24}$.) Dieselbe Erscheinung finden wir auch in den Händeln des Jakob von Stein (B $192,_{21}$; $197,_{4}$), dagegen sonst niemals in der Handschrift 2.

Die Verknüpfung der Sätze unter einander weist in den beiden Handschriften Unterschiede auf. 3^{ab} liebt die Anknüpfung durch „enim"; aber dieses „enim" heisst hier nicht „denn", sondern „aber". (B $163,_{27}$; $164,_{3}$; $164,_{11}$, wo freilich B „eciam" liest, aber zum Vergleich MG. XVII, 43, Anm. h heranzuziehen ist; B $168,_{20}$; $170,_{11}$, wo allerdings B „eum" liest, aber MG. XVII, 52, Anm. b zu vergleichen ist; B $170,_{24}$; $175,_{4}$; $177,_{21}$; $178,_{18}$.) Auch in den Händeln des Jakob von Stein: B $195,_{12}$ = MG. XVII, $62,_{1}$ lesen die Letzteren „enim".

Dieses „enim" findet sich in der Handschrift 2 niemals;

hier ist vielmehr eine andre, in 3^{ab} fehlende Art der Satzverknüpfung beliebt, nämlich durch „nempe". Doch ist diese Partikel von ihrer eigentlichen Bedeutung „denn doch, natürlich" zu völliger Bedeutungslosigkeit herabgesunken. (B $182,_{29}$; $185,_{24}$; $187,_{30}$; $202,_{6, 27}$; $203,_{22}$; $207,_{11}$.) In seiner richtigen Bedeutung findet es sich in der Handschrift 2 nur in den Händeln des Jakob von Stein. (B $185,_{3}$.)

In der Datirung finden sich zwischen den beiden Handschriften gleichfalls mancherlei Abweichungen. 3^{ab} schreibt stets „anno domini", 2 schreibt stets „anno", und zwar hat 3^{ab} die Jahresbezeichnung meist in der Mitte des Textes, während 2 sie gern als Ueberschrift des einzelnen Abschnittes bringt. Belege bietet jede Seite bei Böhmer. Nur zweimal schreibt 2 „anno domini" (B $193,_{11}$ und $197,_{4}$); das ist in den Händeln des Jakob von Stein.

In der Verwendung der Datirung durch Heiligentage stehen sich 2 und 3^{ab} gleich; dagegen ist eine versteckte Verschiedenheit in der Anwendung des römischen Datums. 3^{ab} gebraucht dasselbe nur in beschränktem Masse: dreimal (B $163,_{25}$; $169,_{13, 16}$) an Todestagen von Bischöfen, sonst nur (B $159,_{10}$) an einem beweglichen Fest und zweimal (B $170,_{34}$ und $171,_{14}$), wo sich das Datum gar nicht anders ausdrücken liess. Dagegen wendet 2 die römische Datirung viel häufiger an, auch da, wo eine Datirung nach bekannten Fest- und Heiligentagen möglich war: B $185,_{63}$ für in die S. Egidii, B $188,_{25}$ für in coena domini, B $191,_{12}$ für in vigilia Antonii, B $169,_{22}$ für in vigilia kathedrae Petri und öfter.

Auch die Einführung der verschiedenen Machthaber, welche Einfluss auf Worms hatten, des Papstes, des Mainzer Erzbischofs, des Wormser Bischofs, des Kaisers und des Königs, geschieht in beiden Handschriften in verschiedener Weise.

3^{ab} schreibt stets „dominus papa" (B $165,_{23, 27}$; $174,_{33}$: $177,_{10, 34}$). während 2 neben „dominus papa" auch einfach „papa" schreibt (B $187,_{11}$).

Der Mainzer Erzbischof, zu dessen Kirchenprovinz Worms gehörte, heisst in 3^{ab} nie anders als [venerabilis] dominus archiepiscopus Moguntinus. (B 163,$_{36}$; 168,$_{28}$; 169,$_{28}$; 170,$_{33}$; 171,$_{12}$; 176,$_{34}$; 180,$_{4}$.) Diesen ausführlichen Titel hat er in 2 nur einmal, in den Händeln des Jakob von Stein (B 193,$_{28}$). Sonst heisst er hier archiepiscopus Moguntinus, episcopus Moguntinus, dominus Moguntinus. (B 181,$_{26}$; 182,$_{1}$ fg.; 183,$_{11}$ fg.; 185,$_{32}$; 187,$_{18}$; 188,$_{30}$; 189,$_{5. 23}$; 199,$_{34}$; 206,$_{5}$.) Den Wormser Bischof nennt mit Ausnahme von zwei Stellen die Handschrift 3^{ab} stets „dominus episcopus" oder gar „venerabilis dominus episcopus". (B auf allen Seiten von 160 bis 174 und 180,$_{21}$; 201,$_{11, 28}$.) Die Handschrift 2 dagegen braucht nur selten „dominus episcopus", meist schlechthin „episcopus". Und gar „venerabilis episcopus" braucht sie nur einmal für einen verstorbenen Bischof (B 185,$_{17}$). Auch hier unterscheidet sich wieder die Stelle über die Händel des Jakob von Stein von dem übrigen Teile von 2. (Vgl. das „venerabilis dominus episcopus" B 193,$_{26}$; 194,$_{2}$; 196,$_{15}$.)

Den Kaiser und den König bezeichnet 3^{ab} nie anders als mit „dominus imperator", „dominus rex" (B 160,$_{11}$ fg.; 161,$_{3. 28}$; 162,$_{1}$; 163,$_{37}$; 164,$_{6}$ fg.; 165,$_{1}$ fg.; 166,$_{5}$ fg.; 167,$_{14}$ fg.; 168,$_{30}$ fg.; 169,$_{35}$; 173,$_{19}$; 174,$_{31}$; 177,$_{16}$; 201,$_{33}$), während die Handschrift 2 das „dominus" häufig weglässt (B 179,$_{3}$ fg.; 181,$_{9}$; 182,$_{14}$ fg.; 183,$_{34}$; 185,$_{28}$ fg.; 187,$_{10}$; 188,$_{27}$ fg.; 190,$_{11}$; 191,$_{30}$; 205,$_{16}$; 207,$_{7}$), was in 3^{ab} nie vorkommt.

Zu diesen Merkmalen kann man noch einzelne Kleinigkeiten hinzufügen, welche nur die eine oder die andre Handschrift aufweist. Die Handschrift 2 gibt „Boten schicken an Jemdn." durch „mittere pro aliquo" (B 178,$_{23}$; 182,$_{39}$; 188,$_{1}$); „accipere" heisst „rauben, stehlen" (B 186,$_{4-5}$; 203,$_{20}$); besonders entspricht ganz der nüchternen Schreibart der Handschrift 2 die häufige Notirung der Preise, sehr oft eingeführt durch „ad expensas, in expensis, ad estimationem". (B 181,$_{34}$; 182,$_{11}$ fg.; 183,$_{13}$ fg.; 185,$_{30}$; 203,$_{33}$ u. ö.)

Die Darstellung in 3^{ab} ist bisweilen novellistisch, der Stil ist schmuckvoller. Kurze direkte Reden sind hier und da eingeflochten, und hierin ist wieder die Stelle von den Händeln des Jakob von Stein der Handschrift 3ᵃᵇ nahestehend.

Sahen wir schon vorhin, dass 3ᵃᵇ mit der Titulatur der Kirchenfürsten recht sorgfältig ist, so können wir hinzufügen, dass auch das Latein dieser Handschrift einen leisen kirchlichen Anstrich hat. B 162,$_{21}$ erinnert das Et contremuit civitas per ruinam (so ist zu lesen) eius etwas an Nahum 1.$_5$: Et contremuit terra a facie eius. Die Stelle B 172,$_{21}$: quod contra stimulum non possent recalcitrare ist eine biblische Reminiscenz an Acta 9,$_5$ und 26,$_{14}$: Saule, Saule, quid me persequeris? durum est tibi contra stimulum calcitrare. Auch ganze Bibelverse sind eingeflochten: B 170,$_{26}$ = 1. Tim. 3.$_1$; B 171.$_4$ = Ephes. 5.$_{10}$. Eine grössere Stelle (B 175,$_{10}$ fg.), die stilistisch sich sehr an die Vulgata anlehnt, betrachten wir weiter unten.

Auch für 3ᵃᵇ können wir noch einige kleine Eigentümlichkeiten beibringen, welche sie von der Handschrift 2 unterscheiden. Hierhin gehört: extendere oder admittere gladium spiritualem (B 160,$_{25}$: 172,$_{18}$), migrare a seculo (B 163,$_{27}$: 168,$_{38}$; 170,$_{17}$), mediantibus viris discretis und ähnliche Wendungen, die sich nur in 3ᵃᵇ und der Erzählung von den Händeln des Jakob von Stein finden (B 161,$_1$; 163,$_1$; 172,$_{28}$; 173,$_{21}$; 201,$_7$; 193,$_{23}$; 196,$_2$), die Vorliebe für „valde" (164,$_{12}$ fg.; 165,$_{22}$. $_{24}$ fg.; 168,$_{30}$; 170,$_1$; 172,$_7$; 176,$_{27}$), sowie für „continuo" (B 162,$_{26}$; 165,$_{24}$; 166,$_{31}$; 170,$_6$. $_{21}$; 172,$_2$; 175,$_{18}$; 177,$_9$), und endlich das „existere" in der Bedeutung „sein" und „bleiben" (B 163,$_5$; 164,$_9$ fg.; 169,$_5$ fg.; 172,$_{15}$). In derselben Bedeutung kommt es in der Handschrift 2 nur in den Händeln des Jakob von Stein vor. (B 195,$_4$ und 192,$_{32}$, wo „commissum extitit" sogar bedeutet „es wurde übertragen".)

Man muss einräumen, dass diese Art der Stiluntersuchung etwas Kleinliches an sich hat: man darf sie auch nur anwenden bei umfänglicheren Quellenwerken und mit absoluter Vollständigkeit der Citate. Uns hat die Untersuchung hier das greifbare Resultat ergeben, dass die Handschriften 2 und 3ᵃᵇ aus zwei verschiedenen Quellen geschöpft haben, nur mit der Einschränkung, dass ein Teil der Handschrift 2, der über die Händel des Ritters Jakob von Stein berichtet, derselben Quelle entstammt, wie 3[a,b].

Eine genauere Bestimmung dieser Quellen, sowie manche kleine Modifikation, kann erst die Untersuchung des Inhalts der Handschriften an die Hand geben.

VI.
Die Handschrift 3^ab.

Der Abdruck der Handschrift 3^ab reicht bei Böhmer zunächst von S. 158 bis 174,₂; dazu kommen die Stücke 174,₁₃₋₂₄; 174,₁₂₈—178,₁₈; 179,₁₃₈—180,₂₃; 200,₃₅—201,₃₅; 214,₃₀—215,₁₀. Hierzu ist an einigen Stellen, wie Böhmer S. XXII schon bemerkt, Schannat, hist. ep. Worm., tom. I, zum Vergleich heranzuziehen.

Schannat beruft sich I, S. 111 auf „varia MSS. Chronica"; er citirt S. 322, 330, 331, 334, 349, 350, 351, 352, 365, 373, 378, 381, 393, 409, 412 und 431 teils im Texte, teils am Rande ein Anonymum Chronicon Wormatiense manuscriptum; und endlich, viermal, nämlich S. 214, 218, 219 und 379 schreibt er einen „vetus autor anonymus oder coaevus" wörtlich aus. Diese letzteren vier Stellen finden sich in der Handschrift 3^ab unsrer Annalen; sie entsprechen B 173,₁₆₋₁₀; 162,₂₄₋₃₄; 169,₃₇₋₃₉ und 170,₆₋₈; 171,₂₇—173,₄ und 173,₃₀—174,₁₂.[1])

Böhmer nun in seiner Vorrede S. XXII meint, alle diese oben angeführten Notizen stammten aus Einer Quelle; das

---

1) Ueber die Benutzung der Lesarten bei Schannat ist Folgendes zu sagen: Seit J. F. Moritz im Jahre 1756 seine unbeholfene „historisch-diplomatische Abhandlung vom Ursprung derer Reichsstädte" gegen Schannat geschrieben, in welcher er diesen als Geschichtsfälscher hinstellte, ist der Letztere sehr oft wirklich für einen solchen angesehen worden. Es ist wahr, Schannat schrieb für Geld auf Bestellung, die Tendenz seines Buches war ihm vorgeschrieben, ehe er an den Stoff herantrat, und für diese Tendenz konnte er nur eine Auswahl des vorhandenen Materials brauchen. So ist seine Schrift eine Parteischrift, die Darstellung unhistorisch; jedoch das gebotene Quellenmaterial ist unverfälscht, höchstens unvollständig. Interpolationen und Veränderungen finden sich bei Schannat nicht, nur bisweilen Auslassungen.

wären dann natürlich in Böhmer's Sinne die alten Annalen. Es lässt sich aber erweisen, dass die Citate Schannat's aus verschiedenen Quellen fliessen. Sein Chron. Worm. MS. ist eine wirkliche Kronik, und zwar eine sehr umfängliche; sie ging nach den Citaten S. 322—431 sicher von Bischof Dietlach (890—914) bis in die Mitte des sechzehnten Jahrhunderts, und zwar wol ohne Unterbrechung, denn die Citate verteilen sich gleichmässig über alle Jahrhunderte. Die vier wörtlich ausgeschriebenen Stücke aber stammen, wie schon Böhmer annahm (S. XXII) und wodurch er eigentlich seiner eigenen Hypothese von der gleichen Herkunft aller Schannatschen Citate widersprach, nicht aus einer vollständigen Kronik, sondern aus unserer Fragmentensammlung 3ᵃᵇ. Ist schon bei Schannat, der sehr scharf die alten gleichzeitigen Quellen von den nicht gleichzeitigen scheidet[1]), aus der ganz andern Einführung des Citates, nämlich durch die Worte „ex coaevo scriptore"[2]), zu schliessen, dass er nicht sein Chron. Worm. MS. meint, welches sicher nicht durch alle Jahrhunderte hindurch eine gleichzeitige Quelle war, so wird andrerseits auch ganz deutlich, dass bei den genannten vier Stellen nur an unsre Sammlung 3ᵃᵇ zu denken ist. Erstens nämlich bringen die vier Stellen nichts, was nicht auch wörtlich in 3ᵃᵇ stünde, und zweitens bricht gerade dort 3ᵃᵇ ab[3]), wo Schannat nach genau denselben Schlussworten sagt: Hucusque anonymus noster. (I, 380,₂₃.)

Nur irrt Böhmer, wenn er S. XXII meint, Schannat habe die Handschrift 3ᵃ, also den Darmstädter Kodex, gekannt. Die Lesarten ergeben vielmehr eine Verwandtschaft mit der Handschrift 3ᵇ.[4])

Was wir uns unter dem Anonym. Chron. Worm. MS.

---

1) Vgl. z. B. Sch. I, S. 308, Z. 1 fg.
2) Dass Schannat in diesem Falle in Betreff der Gleichzeitigkeit im Irrtum ist, wie unsre Untersuchung zeigen wird, ist ohne Belang. Er hielt die Stellen für das Werk eines gleichzeitigen Autors; das ist hier massgebend.
3) Vgl. MG. XVII, 68,₁₁ und Anm. e.
4) Vgl. die Lesarten MG. XVII.

bei Schannat denken sollen, bleibt fraglich. So weit wir nach den wenigen Citaten aus demselben, die nur über Taten und Erlebnisse der Wormser Bischöfe berichten, einen Schluss ziehen dürfen, war es eine Bischofskronik. Möglich ist, dass diese letztere identisch war mit dem chron. clericorum, das Flersheim S. 33, 34, 37 und 39 citirt und das gleichfalls eine Bischofskronik gewesen sein muss. Es spricht dafür aber nur eine kleine karakteristische Stelle, welche die beiden Kroniken bei dem Bischof Erpho gemeinsam haben. Derselbe starb schon am dritten Tage seines Episkopats; und das drücken beide Kroniken mit den Worten „quartum diem non vidit" aus.[1]) Vielleicht aber haben Beide die Stelle unabhängig von einander der vita Burchardi entlehnt.[2])

Wir sehen auf alle Fälle, dass es mannigfache alte Wormser Geschichtsquellen gegeben, deren Wert natürlich sehr verschieden war, und dass es daher sehr verkehrt ist, sie alle ohne Weiteres unter den Begriff „Wormser Annalen" unterzuordnen. Für unsren nächsten Zweck, die Untersuchung der Handschrift 3^ab, ergibt sich aus Schannat's Werk nur, dass wir die vier wörtlich ausgeschriebenen Stellen zum Vergleich heranziehen dürfen, alles Andre aber fern zu halten haben.

Die Handschrift 3^ab enthält keine zusammenhängende Erzählung. Wenn jetzt das Stück B $160,_1$—$174,_2$, welches die Taten der Bischöfe Heinrich, Landolf, Konrad, Richard und Eberhard in den Jahren 1231—1266 schildert, den Eindruck unversehrter Einheitlichkeit macht, so ist zu bedenken, dass die Stücke aus 3^ab, welche jetzt auf den Seiten $173,_3$ bis $215,_{10}$ verstreut sind, in der Handschrift zwischen dem Text jenes ersteren grösseren Stückes stehen und erst von Böhmer ausgeschieden sind. Somit karakterisirt sich die Handschrift gleich als eine Fragmentensammlung.

Die erste Frage nun, die an uns herantritt, ist die: Stammen diese Auszüge alle aus einer gemeinsamen Quelle?

---

1) Sch. I, 330; Fl. $37,_{14}$.
2) MG. SS. IV, $834,_{10}$.

Wir haben im vorigen Abschnitt gesehen, dass, was den Stil angeht, gegen die Annahme gemeinsamen Ursprungs aller Fragmente kein Grund vorliegt. Wol aber sind aus anderen Gründen zwei Stücke aus 3^{ab} mit Bestimmtheit auszuscheiden; dieselben stehen B $161,_{14}$—$162,_{23}$ und $173,_{11}$—$174,_{2}$. Wir wollen die Betrachtung dieser beiden Stücke an das Ende der Erörterungen über die Handschrift 3^{ab} stellen, weil sich dann leichter zeigen lässt, dass der Standpunkt des Verfassers dieser ausgeschiedenen Stellen ein anderer ist, als derjenige, welcher sich im übrigen Teile von 3^{ab} ausspricht.

Der Abdruck von 3^{ab} bei Böhmer beginnt mit einer Zusammenstellung der entsetzlichen Brände, welche mehrmals im dreizehnten Jahrhundert die halbe Stadt einäscherten. Diese Notizen machen durch das Detail ihrer Angaben, das nur aus der Anschauung des Geschehenen heraus so geboten werden konnte, den Eindruck unmittelbarer Gleichzeitigkeit. Auch die Datirung B $159,_{10}$, eine völlig übereinstimmende Zusammenstellung des kirchlichen Festtags mit dem römischen Datum, ist eine gute Gewähr für den gleichzeitigen Ursprung der Notiz. Die Zusammenstellung dieser sieben Nachrichten ist aber ebenso wie der kleine Zusatz B $159,_{16}$ erst in späterer Zeit gemacht von Einem, dem daran lag, mit Einem Blick die Heimsuchungen, welche die Stadt erlitten, zu überblicken. Von ihm ist auch wol die Schlussbemerkung: In hiis magnis incendiis etc., welche, wie die Worte „vix unquam poterit superare" ergeben, zu einer Zeit geschrieben ist, als Worms noch unter den Folgen der Feuersbrünste zu leiden hatte, also vielleicht bald nach dem letzten verzeichneten Brande.

Mit B $160,_{1}$ beginnt dann die eigentliche Erzählung. Wie schon erwähnt, ist sie nicht vollständig, sie weist in der Mitte oft Lücken von mehreren Jahren auf, die wol im Original nicht vorhanden waren. Dennoch ist deutlich erkennbar, dass wir es mit einem Auszug aus einem zusammenhängenden Werke zu tun haben. Keine Annalen sind es, sondern Reste einer Kronik. Dafür spricht die behagliche Breite der Erzählung, die planvolle Darstellung, das Ueberblicken grösserer

Zeiträume, die sehr allgemeinen Zeitangaben oder gar das gänzliche Fehlen derselben, und die Abweichungen von der Kronologie (B $160,_{32}$; $166,_{22}$; $168,_2$; $168,_{15}$; $169,_{20}$ fg.; $170,_{11}$ u. ö.). Und, um das Resultat voraus zu bringen, so ist uns mit Ausnahme der oben schon ausgeschiedenen Stellen B $161,_{11}-162,_{23}$ und $173,_{11}-174,_2$ in 3^{ab} nicht eine Sammlung von gleichzeitigen bürgerlichen Aufzeichnungen, sondern ein Stück einer nicht gleichzeitigen Bischofskronik erhalten. Um den Bischof dreht sich die ganze Erzählung, er allein steht im Vordergrund des Interesses, im Mittelpunkt der ganzen Darstellung. Die Einteilung des Stoffes, die Zeitrechnung geschieht nach seiner Regierungszeit. Und, was am deutlichsten die ganze Anschauung von der Stellung des Bischofs bezeichnet: die Stadt ist „civitas sua" (B $160,_{10}$; $162,_{31}$; $171,_{23}$), ja sogar die Ratsmannen sind „consules (consiliarii) sui" (B $166,_7$; $171,_{19}$; $172,_{10}$).

Ausser diesen schon sehr beweiskräftigen äusseren Merkmalen finden sich aber noch zahlreiche innere, viele karakteristische Irrtümer und bewusste nachweisbare Abweichungen von der historischen Wahrheit, welche alle dazu beitragen, die nicht gleichzeitige Aufzeichnung und die bischöfliche Auffassung zu beweisen. Die Letztere freilich ist oft weniger erkenntlich aus dem was gesagt, als aus dem was verschwiegen wird; und bei der Aufdeckung solcher Stellen ist die Gefahr naheliegend, dass man dem Verfasser absichtliches Verschweigen zur Last legt, wo er nur mangelhaft unterrichtet war, dass man in den Text hineininterpretirt. Aber, wo eine ganze Reihe von Begründungen und Auslassungen stets denselben Erfolg hat, da wird man auch annehmen dürfen, dass sie denselben Zweck haben sollte, dass also die Wirkung beabsichtigt und nicht zufällig ist. Und erreicht ist immer die Verteidigung der Handlungsweise des Bischofs.

Das zeigt sich gleich im Beginn unsrer Quelle, wo wir in das Jahr 1231 geführt werden (B $160,_1-161,_{13}$).[1]) Wir

---

1) Die Ergänzung und Berichtigung der von Böhmer dem Texte eingefügten, eingeklammerten Daten und Jahreszahlen siehe in dem

haben oben in unsrer Einleitung den Verfassungskampf bis zu dem Punkte betrachtet, wo die Entscheidung in die Hand des Kaisers gelegt wurde. Das geschah eben im Jahre 1231. Der Bischof Heinrich und die Bürger erschienen auf dem Reichstage von Ravenna 1231—32[1]), und Friedrich II. entschied zu Ungunsten der Bürgerschaft.[2])

Natürlich erregte ein solches Urteil den Unmut der Wormser noch mehr, und so setzten sie noch im Jahre 1232 eine Belohnung für einen Rechtsgelehrten aus, der ihre Verteidigung gegen die Uebergriffe ihres Bischofs übernehmen würde. Die Urkunde, in welcher sie dies tun[3]), ist natürlich in ihrer Auffassung ganz parteiisch. Aber die Tatsachen, die sie berichtet, und die noch im Jahre der Ereignisse aufgezeichnet waren, und deren Entstellung den Bürgern vor Gericht mehr geschadet als genützt hätte, sicherlich aber leicht zu widerlegen gewesen wäre, — diese Tatsachen dürfen wir zweifellos zum Vergleich heranziehen, selbst wenn wir ihre unbedingte Glaubwürdigkeit nicht ohne Weiteres annehmen. Soweit wir können, wollen wir aber die Richtigkeit der Aussagen in der fraglichen Urkunde vorerst prüfen.

Es heisst dort: der Bischof habe vor seinem Zuge nach Italien öffentlich beschworen, die alte verbriefte Verfassung von Worms zu schützen. Erst auf dieses Versprechen hin haben ihm die Bürger eine Unterstützung für seinen Zug gewährt und ihre Gesandtschaft vertrauensvoll seinen Begleitern zugesellt. Dann aber wurden sie benachrichtigt über das falsche Spiel, das der Bischof mit ihnen trieb, indem er zu Ravenna sein Ansehen gegen sie verwandte. — Natürlich bezieht sich dies auf die Verhandlungen, welche den Verordnungen Friedrichs II. gegen die Autonomie der bischöflichen Städte vorausgingen.[4])

Abschnitt „Lesarten". Auch muss wegen mannigfacher Textkorrekturen bisweilen auf diesen Abschnitt verwiesen werden.
1) B—F, V, nr. 1910a—1946a.
2) Sch. II, 110; Boos WU nr. 155. 156.
3) Boos WU nr. 159.
4) B—F, V, nr. 1917.

Dann heisst es in unsrer Urkunde weiter: Der Bischof erwirkte sich vom Kaiser das Recht, alle alten Satzungen zu Worms umzustossen. — Das muss sich beziehen auf das Privileg, welches Friedrich II. dem Bischof Heinrich zwar erst im Januar 1232 ausstellen liess[1]), welches aber eine Folge der Verhandlungen war, die schon im December 1231 ihr Ende erreicht hatten.[2])

Diese Urkunde nun sandte, wie wir aus andrer Quelle, nämlich aus einer Urkunde Friedrichs II. vom Mai 1232[3]) wissen, der Bischof sofort nach Worms. Dort aber widersetzten sich die Bürger dem Befehl und wandten sich, wie sie selbst in ihrer Denkschrift sagen, hülfesuchend an König Heinrich (VII.), der ihnen auch, entgegen der Verordnung seines Vaters, ihre alte Verfassung bestätigte.[4])

Das ist ein unmittelbar gleichzeitiger Bericht, der, wenn wir in ihm mehr als die nackte Aufstellung der Tatsachen sehen wollen, die Sache der Bürger vertritt. Vergleichen wir nun mit demselben unsre Annalenstelle B 160,₁ bis 161,₁₃.

Nach der Darlegung des Zustandes von 1231 (B 160,₁₋₇) wird Einiges zum Lobe des Bischofs gesagt und darauf die Reise desselben nach Ravenna motivirt mit den Worten: honorem ecclesie sue attendens (B 160,₁₁). Von dem Versprechen, das er den Bürgern gegeben und der Unterstützung, die sie ihm gewährt, wird nichts berichtet. Er klagt beim Kaiser und erwirkt ein günstiges Urteil.

Auch im Folgenden ist unsre Annalenstelle nicht ganz unanfechtbar; die einzelnen Tatsachen sind richtig, aber nicht in das richtige Verhältnis zu einander gestellt. Es heisst nämlich weiter: Der Bischof kam „cum gaudio" zurück[5]) und liess den Bürgern die Urkunde des Kaisers zeigen;

---

1) B-F, V, nr. 1935.
2) B-F, V, nr. 1917.
3) Huillard-Bréholles, hist. dipl. Frid. II., IV, S. 335.
4) Boos WU nr. 154.
5) Das war im Sommer 1232, denn Mitte Mai war Bischof Heinrich noch beim Kaiser in Italien. B-F, V, nr. 1987.

er selbst blieb vor der Stadt.¹) Die Bürgerschaft aber war widersetzlich, deshalb belegte Heinrich die Stadt mit dem Interdikt. Und dieses bischöfliche Interdikt soll nach der Darstellung der „Wormser Annalen" die Ursache gewesen sein, dass die Bürger, allerdings erst nach Jahresfrist, dem Bischof nachgaben und sich zu einer Neuordnung des Rates verstanden. Die Letztere soll durch einige Stiftsherren und Bürger entworfen und dann durch König Heinrich (VII.) nachträglich bestätigt sein. Nach diesem Bericht wäre also durch die energischen Massregeln des Bischofs das neue Stadtregiment zu Stande gekommen.

Aktenmässig liegen die Verhältnisse anders. Nicht der Spruch des Kaisers und das darauf folgende Interdikt allein machten die Lage der Stadt unerträglich. Viel schlimmer war es, dass König Heinrich (VII.), der, wie wir oben gesehen haben, noch im März 1232 die Bürger sehr begünstigt hatte, am 4. August desselben Jahres die Hand von ihnen zog und ihnen ihre alte Stadtverfassung nahm.²) Vier Tage darauf, am achten August³), schrieb er ihnen, er werde am 29. August den Erzbischof von Mainz, den Markgrafen von Baden, sowie die Herren Gerlach von Budingen und E. von Walburg senden, damit diese mit dem Wormser Bischofe zu Aller Zufriedenheit die Verhältnisse ordneten.

Wir sehen also, die erste Anregung zur Beilegung des Streites ging vom Könige aus. Ein Anderes freilich ist es noch, wer wirklich dann die Verfassung neu ordnete; auch hier stehen sich zwei Aussagen gegenüber. Die „Wormser Annalen" berichten von der gemeinsamen Feststellung durch Mitglieder des Hochstifts und Wormser Bürger; Heinrich (VII.) dagegen hatte die oben erwähnten Herren bestimmt.

---

1) Das Letztere ist wol richtig; wir können den Bischof Heinrich in der Folgezeit bis 1233 nicht in Worms nachweisen. 1232 iuli 18. urkundet er auf seinem Schlosse Stein und hat daselbst eine Reihe von Wormser Klerikern als Zeugen bei sich. Boos WU nr. 153c.

2) Boos. WU nr. 158. Ueber die falsche Urkunde nr. 157 siehe den Excurs am Ende der Abhandlung.

3) Boos, WU nr. 160.

Betrachten wir zunächst das Resultat: Am 27. Februar 1233 wurde die neue Rachtnng abgeschlossen. Vierfach ward die Urkunde ausgestellt:

Ausfertigung I: Vom König, acta apud Oppenheim.[1])
„ II: Vom Bischof, ohne Ort.[2])
„ III: Vom Domkapitel, ohne Ort.[3])
„ IV: Von den Bürgern, ohne Ort.[4])

Wenn wir nur diese abschliessenden Urkunden ins Auge fassen, so hat allerdings unsre Stelle der „Wormser Annalen" Recht, indem sie als Beteiligte ausser dem Bischof den König, quosdam de capitulo maioris ecclesie et quosdam de civibus bezeichnet. Es sieht also ganz so aus, als ob unsre Annalennotiz ihre Kenntnis blos aus den Urkunden geschöpft habe; und das wäre allerdings ein Beweis für späte Abfassung.

Denn wo bleiben die Bevollmächtigten des Königs? Der Markgraf von Baden findet sich in den Zeugenreihen der Ausfertigungen I, II, IV; auf das Fehlen der Herren von Budingen und Walburg darf man vielleicht nicht zuviel Gewicht legen. Aber der wichtigste Gesandte, der Erzbischof von Mainz, fehlt.

Hier müssen wir, um Aufklärung zu finden, den Monachus Kirsgartensis und die Zorn'sche Kronik zur Aushülfe heranziehen, wenn wir einen umfassenderen Vergleich Beider mit den „Wormser Annalen" auch erst später vornehmen.

Zorn (S. 65) erzählt, die Neuordnung der Verfassung sei zu Stande gebracht mit Verwilligung des Königs durch den Bischof von Mainz, den Bischof von Speier, den Mark-

---

1) Gedruckt zuletzt bei Winkelmann, acta imperii inedita, Bd. 2, nr. 69 I, wo aber Z. 31 ein halber Satz ausgefallen ist durch das Abirren des Auges von „absentaverit" zum nächsten „absentaverit". Die Stelle Z. 31—32 muss daher lauten: Si de sex militibus aliquis se per annum absentaverit, alter in locum eius ab illis novem eligetur. Si vero de novem civibus se aliquis per annum absentaverit, dominus episcopus in locum eius alterum subrogabit.
2) Boos, WU nr. 163.
3) Boos, WU nr. 164.
4) Winkelmann, l. c. S. 67. nr. 69 II.

grafen von Baden und alle die andern Fürsten und Herren, die sich oben in den Zeugenreihen I, II und IV fanden. Der Mon. Kirsg. (S. 111, Z. 31 fg.) meldet: auf Befehl des Königs hätten der Erzbischof von Mainz, der Bischof von Speier und der Markgraf von Baden den Bischof mit den Bürgern ausgesöhnt.

Wir sehen also, beide Berichte nennen an erster Stelle den oben vermissten Erzbischof von Mainz. Und noch eine andre Uebereinstimmung bieten sie: Beide nennen Frankfurt als Ausstellungsort der Urkunde, während oben die Ausfertigung I in Oppenheim entstanden ist und die andern drei Urkunden gar keinen Ort nennen.[1])

Der Mon. Kirsg. bringt ferner den Wortlaut der Urkunde; aber während die obigen vier Fassungen mutatis mutandis wörtlich mit einander übereinstimmen, hat der Mon. Kirsg. uns ein Privileg überliefert, das wir sonst nirgends finden. Punkt für Punkt stimmt es dem Inhalte nach mit den vier Ausfertigungen von 1233 Feb. 27 überein, aber der Wortlaut ist ganz abweichend. Die Form ist die, dass der Bischof redet: Illi ergo XV simul sedeant nobiscum in consulatu (MK 112,$_{10}$). Datirt ist die Urkunde: Datum Francfordiae MCCXXX[V]III, XIII Kal. Mart., also vom 17. Februar 1233, zehn Tage früher als die übrigen vier Ausfertigungen.

Es gibt für diese merkwürdige bisher noch nicht beachtete Urkunde nur die eine Erklärung, dass nämlich schon in der ersten Hälfte des Februars 1233 in Frankfurt Vorverhandlungen stattfanden, und dass die Urkunde im Mon. Kirsg. das Resultat dieser Vorverhandlungen ist. Da König Heinrich dann am 27. Februar alle diese Abmachungen, wenn auch in andrer Fassung zu Oppenheim bestätigte, so ist mit Sicherheit anzunehmen, dass auch die vorläufigen Beratungen zu Frankfurt in seinem Namen geschahen und dass hier der späterhin nicht mehr anwesende, aber durch den Mon. Kirsg.

1) Dass MK 112,$_{11}$ und 113,$_4$ als Jahreszahl MCCXXXVIII angibt, ist nur ein Versehen, wie wir sie bei ihm so häufig antreffen: die V muss fehlen.

und Zorn bezeugte Erzbischof von Mainz nebst den übrigen Abgeordneten des Königs die massgebende Stellung einnahm. Damit erweist sich die ganze Verfassungsänderung in Worms wesentlich als ein Werk des Königs und nicht, wie die „Wormser Annalen" wollen, als Ergebnis der Massregeln des Bischofs, das nur vom Könige bestätigt worden sei. Auch ist es eine völlige Verkennung der Bedeutung des Privilegs, wenn unsre Annalenstelle sagt, Heinrich (VII.) habe deshalb um Bestätigung der neuen Verfassung angegangen werden müssen, weil er überhaupt die Wormser Bürgerschaft jederzeit stärkte und begünstigte. Das klingt, als ob das Privileg vom 27. Februar 1233 eine Begünstigung der Bürger sei. Diese aber wurden im Gegenteil durch die veränderte Zusammensetzung des Rates aus fünfzehn Mitgliedern mit Vorsitz des Bischofs sehr geschädigt, sie haben jederzeit die alte Zusammensetzung aus vierzig Mitgliedern zurückverlangt. Der Vorteil lag auf der Seite des Bischofs Heinrich, der denn in Zukunft, wie auch sein Nachfolger Landolf, ein treuer Anhänger König Heinrich's war, bis nach dem Aufstande des Letzteren gegen seinen Vater der ganze Zorn des Kaisers über den Bischof hereinbrach. —

An unsre bisher betrachtete Annalenstelle, die mit dem erwähnten Privileg endet, schliesst sich nun unmittelbar B 162,$_{24}$ mit den Worten: „His omnibus peractis et compositione memorata confirmata" an, so dass also auch aus diesem Grunde die oben ausgeschiedene Stelle B 161,$_{14}$—162,$_{23}$ hier zu streichen ist.

B 162,$_{24}$—163,$_{26}$ wird die praktische Einführung der neuen Ratsordnung erzählt. Man sollte glauben, dass solche genaue Schilderung der Einzelheiten, wie sie uns hier geboten wird, nur durch unmittelbar gleichzeitige Aufzeichnung auf uns hätte kommen können. Doch haben wir auch hier nur die Ueberarbeitung eines bischöflichen Erlasses. Es muss nämlich zur Vornahme der Vereidigung des neuen Rates der Bischof mit Anlehnung an die Urkunde vom 27. Februar ein Programm haben entwerfen lassen, das in der bekannten futurischen Form aller mittelalterlichen

Verordnungen abgefasst war. Dass ein solcher Entwurf unsrem Kronisten vorgelegen, sehen wir ganz deutlich. Er musste denselben natürlich in historische Erzählung übertragen; mitten in seiner Arbeit aber vergass er dies plötzlich. Und so hat er von „Dominus episcopus vero iurabit" (B 163,$_{13}$) an das alte Programm einfach in futurischer Form abgeschrieben.

Der Schluss unsrer Stelle (B 163,$_{25-29}$): „Et hiis honeste peractis sedit dominus episcopus cum hiis quindecim iudicando et civitati ac civibus providendo" klingt sehr unverfänglich. Allein dieselbe Notiz stets mit ähnlichen Worten kehrt bei jedem Bischof wieder (B 164,$_2$; 166,$_7$; 167,$_3$; 170,$_6$; 171,$_5$). Der Autor hat also sicher einen bestimmten Zweck mit dieser stetigen Wiederholung, ja er bringt die Notiz einmal (B 170,$_6$) sogar da, wo sie nachweislich falsch ist, wie wir sehen werden. Die Absicht ist klar; der Kronist kannte sehr wol die Bedeutung des Verfassungskampfes, er sucht stets festzustellen, dass der Bischof den Rechtszustand strenge wahrte, so dass denselben in dieser gefährlichen Sache kein Tadel treffen konnte. Ja, noch mehr, er sucht durch Beteuerungen, wie sehr die Bürger ihre Bischöfe liebten (B 164,$_{11, 28}$ fg.; 165,$_{30}$; 171,$_{9, 12}$), den Eindruck zu erwecken, als hätten der Bischof und die Bürger in voller Eintracht gestanden. Dem widersprechen aber die unaufhörlichen Reibungen, die den Hauptinhalt unsrer Quelle bilden. Dass auf diese Versicherungen der Liebe und Eintracht nicht viel Gewicht zu legen sei, hat u. A. schon Arnold[1]) hervorgehoben. Dennoch ist die Auffassung der „Wormser Annalen" nicht einzig die des Kronisten; vielmehr suchte der Wormser Bischof sie von Anfang an zu fördern. Das zeigt uns bereits die Urkunde des Bischofs Heinrich vom Jahre 1234.[2]) Und seine Politik wurde von allen seinen Nachfolgern fortgesetzt: Keinen Fussbreit wichen sie von der erreichten Machthöhe abwärts, im Gegenteil, sie suchten ihre

---
1) Deutsche Freistädte II. S. 43.
2) Boos, WU nr. 172.

Befugnisse noch zu erweitern[1]); aber kleine Rechte gaben sie dafür auf, offenbar in der Absicht, die sich in der genannten Urkunde des Bischofs Heinrich[2]) ausspricht mit den Worten: sopita interim ex parte nostra omni materia, que inter nos et cives alicuius discordie poterit et rancoris fomitem ministrare.

Der Schluss der Regierung Heinrich's (B 163,$_{20-32}$) weist einen kleinen Irrtum auf, den eine gleichzeitige Aufzeichnung vermieden hätte. Wir wissen aus dem Mon. Kirsg. 113,$_{23}$ fg. und aus Z 70,$_{14}$ fg., die an dieser Stelle, wie der Wortlaut ergibt, aus zwei verschiedenen Quellen schöpfen und doch dem Inhalte nach übereinstimmen, dass Bischof Heinrich das Kloster Kirschgarten im Jahre 1226 gründete. Da er erst 1234 starb, so ist die Annalennotiz, die Gründung sei „paucis ante obitum suum temporibus" geschehen, falsch.

Von B 163,$_{33}$ bis 169,$_8$ reicht die Schilderung der Regierung des Bischofs Landolf (1234—1247). Dass hier unsre Quelle nicht gleichzeitig ist, erhellt schon aus dem Umstande, dass sie die Ereignisse von 1234 unter König Konrad geschehen lässt (B 163,$_{42}$), ja diesem sogar den Aufstand seines Bruders Heinrich (VII.) gegen Friedrich II. zuschreibt (B 164,$_6$ und $_9$). Ein weiterer Irrtum ist der, dass Bischof Landolf gleich nach seinem Regierungsantritte von dem Erzbischof von Mainz geweiht sein soll (B 163,$_{36}$). Noch 1236, mai 5[3]) nennt ihn Gregor IX. einfach einen electus. Man darf auch nicht einwenden, dass „confirmare" nur „bestätigen unter Vorbehalt der Weihe" sei. „Confirmatus" heisst, wie an andren Orten, so auch im Sprachgebrauch unsrer Quelle „geweiht" (B 171,$_{11}$).[4])

Das erste Ereignis der Regierung Landolf's ist die Beteiligung desselben an dem Aufstande Heinrich's (VII.) gegen

---

1) Boos, WU nr.190. Die Erklärung dieses Privilegs siehe weiter unten.
2) Boos, WU nr. 172.
3) MG., epist. saec. XIII (ed. C. Rodenberg.) nr. 689.
4) Ueber die Aenderung Böhmers an der Stelle B 163,$_{37}$ von „Hagenaiam" in „Ezzelingen" vergl. die Erörterung in dem Abschnitt „Lesarten".

Friedrich II. von 1235 (B 164,₂₈—165,₃₄). Diese Stelle zeigt am klarsten die Parteinahme für den Bischof; nur durch die Letztere findet eine Reihe von Auslassungen und Fehlern ihre Erklärung. Andre Irrtümer beweisen wieder die späte Aufzeichnung unsrer Kronik. Von dem Aufstande selbst, von seinem ergreifenden Ende, der Gefangennahme Heinrich's (VII.), von den Schicksalen des Reiches oder gar von der Treue der Bürger gegen den Kaiser wird kaum oder gar nicht gesprochen. Nur das Schicksal des Bischofs wird beschrieben, und zwar nicht wie eine verdiente Strafe, sondern wie ein schweres unverdientes Leiden, dem endlich gerechtermassen die Erlösung folgt.

Die Parteinahme Landolf's für Heinrich (VII.) wird (B 164,₈) motivirt durch die Woltaten, die der König ihm erwiesen hatte. An die Regalienverleihung ist hier nicht zu denken; diese Gunst hatte ja jeder Bischof genossen. Wenn wir also die ganze Begründung nicht für eine blosse Redensart halten sollen, so können wir unter den „bona sibi impensa" nur die Vorrechte verstehen, welche die Rachtung von 1233, feb. 27 dem Bischof gewährte. Und dies würde mit unsrer oben ausgesprochenen Ansicht, dass die Verfassungsänderung wesentlich ein Werk des Königs sei, übereinstimmen.

Das Unheil, das nun über Landolf hereinbricht, findet eine ganz merkwürdige Darstellung. Nicht als ein selbstverschuldetes Schicksal erscheint es, und nicht aus freien Stücken straft der Kaiser den ungetreuen Bischof. Es treten vielmehr einige Geistliche von Worms auf (B 164,₁₄), die erst vor wenigen Monaten den Landolf gewählt hatten, jetzt aber ihm feindlich gesinnt sind. Dieselben verklagen beim Kaiser ihren Bischof, und deshalb fällt dieser in Ungnade (B 164,₁₇₋₃₅); ganz unschuldig erliegt Landolf den Intriguen seiner Feinde. Natürlich ist unser Kronist aufs Höchste gegen sie erbittert. Er nennt sie Verräter, welche der Ehre der Kirche Abbruch thun (B 165,₃ fg.).¹)

---
1) Die in diese Erzählung eingefügte Stelle B 164,₃₀—165,₃ stört so sehr den Zusammenhang, dass man sie als ein späteres Einschiebsel

Wir haben kein Material, diese Angaben zu widerlegen; im Gegenteil, dass der Bischof Feinde in der Stadt hatte, ist sehr wahrscheinlich. Er muss ein herrschsüchtiger Mann gewesen sein. Dass aber Friedrich II. nicht lediglich auf Grund solcher Anklagen urteilte, dass dagegen unser Autor, damit die Unschuld des Bischofs um so klarer erscheine, den Kaiser eine möglichst klägliche Rolle spielen lässt, ersehen wir aus dem Folgenden.

Die „Wormser Annalen" erzählen nämlich von B 165,[14] an weiter: Als Landolf sah, dass das Regiment in der Stadt ihm entrissen sei, entschloss er sich, mit den Bischöfen von Speier und Würzburg, die ein gleiches Schicksal betroffen hatte, den Papst um Hülfe anzugehen und nach Rom zu ziehen. Da dies der Kaiser hörte, ergriff ihn grosse Furcht. Er schickte daher eiligst den Deutschordensmeister ab, um den Papst zu versöhnen, welcher gegen den Kaiser aufs Höchste erzürnt war. Hermann von Salza, der Deutschordensmeister, besänftigte den Papst, indem er die drei Bischöfe nach Deutschland zurückgeleitete, wo dieselben sogleich die Gnade des Kaisers wiedererlangten.

In dieser sehr entstellten Schilderung ist allerdings der Bischof gerechtfertigt: der Kaiser hat gefehlt und macht durch die Begnadigung nur ein vorheriges Unrecht gut. Es ist uns aber möglich, unverfälschteres Material vorzubringen, nach welchem sich die Vorgänge anders ergeben.

Schon vor der Gefangennahme Heinrich's (VII.), die im Juli 1235 stattfand, hatte Gregor IX. am 13. März 1235[1]) alle deutschen Fürsten aufgefordert, den aufrührerischen König auf den rechten Pfad zurückzuführen, und insbesondere hatte

---

betrachten muss. Lässt man sie weg, so ist der Zusammenhang hergestellt. — Im Uebrigen sind die in ihr enthaltenen Angaben über die dritte Hochzeit Friedrich's II., 1235 iuli 15, richtig. Auch die Reise des Kaisers nach Hagenau mit Isabella gleich nach der Hochzeit ist möglich, wenn auch sonst nicht verbürgt. Die Kaiserin ging allerdings gleich dahin, den Kaiser dagegen können wir erst gegen Ende August 1235 dort nachweisen. B-F, V, nr. 2099b, 2107a. 2108.)
1) MG., epist. saec. XIII (ed. C. Rodenberg) nr. 630 u. 631.

der Papst am gleichen Tage die Bischöfe von Würzburg und Augsburg und den Abt von Fulda aufgefordert, sich persönlich vor ihm wegen ihrer Parteinahme gegen Friedrich II. zu verantworten. Später, nachdem der Kaiser seinen Sohn gefangen genommen hatte, erneuerte der Papst am 24. Sept. 1235[1]) den obigen Befehl und schloss in die Zahl derer, welche persönlich vor ihm erscheinen sollten, auch Landolf von Worms ein. Der Letztere ist also nicht freiwillig nach Italien gegangen.

Auch sind die WA schlecht unterrichtet, wenn sie als Begleiter Landolf's die Bischöfe von Speier und Würzburg nennen. Der Letztere ist allerdings mit ihm gezogen, und war dazu auch aufgefordert worden. Aber der Bischof von Speier war gar nicht nach Rom befohlen und ist auch nicht dagewesen, da er noch im November 1235 in Speier ist und sich schon im März 1236 in Hagenau in der Zeugenreihe einer kaiserlichen Urkunde wiederfindet.[2]) Dies stimmt nicht überein mit den unten gegebenen Daten des Aufenthalts Landolf's und seiner Begleiter in Italien. Es ist vielleicht an die Stelle des Speierer Bischofs der von Augsburg zu setzen.

Bei der Erörterung der Sendung des Hermann von Salza stossen wir auf eine Beobachtung, die wir schon mehrfach an den WA gemacht haben: Die äusseren Ereignisse sind im Ganzen richtig, die Auffassung nicht.

Der Brief des Papstes, welcher den Bischof Landolf nach Rom rief, ist datirt vom 24. Sept. 1235 und konnte Mitte Oktober in Deutschland sein. Nach dieser Zeit brach Landolf auf. Der Deutschordensmeister ist noch im November 1235 in Augsburg beim Kaiser, später ist er in Deutschland nicht mehr nachzuweisen. Er ist also im Winter 1235—1236 in Italien gewesen, genau zu derselben Zeit,

1) MG., epist. saec. XIII. nr. 659.
2) Remling, Urkundenbuch zur Geschichte der Bischöfe von Speier, nr. 203 und 204. Huillard-Bréholles, hist. dipl. Frid. II, Bd. 4, S. 822.

wie Landolf; wir finden ihn noch im März 1236 in Piacenza.[1]) Ende April ist er wieder beim Kaiser in Speier.[2]) Soweit findet sich zwar keine ausdrückliche Uebereinstimmung mit den WA, jedoch auch kein Widerspruch gegen dieselben. Die Begründung der Sendung des Deutschordensmeisters stellen aber die WA ganz falsch dar, indem sie sagen, der wegen der Verdammung Landolf's und der übrigen Bischöfe besorgte Kaiser habe ihn nach Italien geschickt, um den Papst zu versöhnen. In Wahrheit hat schon am 23. Sept. 1235[3]) der Papst den Kaiser gebeten, den Grossmeister bis zum 1. Dezember 1235 nach Italien zu senden, damit dieser dort die lombardischen Verhältnisse ordnen helfe.

Wir sehen, dass der Papst mit dem Kaiser übereinstimmte in der Verurteilung der Abtrünnigen, und damit fällt die ganze Kette von Beweggründen der handelnden Personen in den WA auseinander.

Ob der Kaiser sich in Speier im April 1236 gegen Landolf versöhnlich zeigte, muss unentschieden bleiben. Der einzige Beweis dafür ist unsre Annalenstelle; ihr widerspricht zwar keine andre ausdrückliche Nachricht, wol aber die folgende Erwägung.

Es lässt sich mit einer Begnadigung des Bischofs schwer das Privileg vereinen, welches Friedrich II. zu Würzburg im Mai 1236[4]), also unmittelbar nach der fraglichen Begnadigung, den Wormsern ausstellte und durch das dem Bischof alle Machtbefugnisse über den Rat, die er erst 1233 errungen hatte, wieder genommen wurden. Was der Bischof von einem ihm gnädigen Kaiser erreichen konnte, ersieht man aus den Vergünstigungen von 1232 Januar und Mai und [1238] nov. 6.[5]) Die Stellung der Wormser Bürger zum Kaiser war 1232 dieselbe wie 1236 und 1238, sie kann also nicht massgebend gewesen sein für diese mehrfachen Aenderungen.

1) Ann. Placent. MG, SS. XVIII, S. 471. Z. 46.
2) Huillard-Bréholles, hist. dipl. Frid. II. Bd. 4, S. 833.
3) MG., epist. sacc. XIII, nr. 658.
4) Boos, WU nr. 182.
5) Sch. II, 110; Boos, WU nr. 155, 156, 190.

Das Privileg von 1236 ist eine grosse Gunst für die Stadt Worms; es enthält die Wiedereinsetzung des Rates der Vierzig und ist wol der Lohn für ihre Treue. Es ist andrerseits eine Beeinträchtigung der Macht des Bischofs, der also im Frühling 1236 die Gnade des Kaisers wol schwerlich wieder errungen hatte.

Wo sich Landolf im Jahre 1236 aufgehalten hat, ist gänzlich unklar; die Nachrichten der WA (B 165,$_{35}$ und 166,$_1$) sind unter einander unvereinbar. Denn wenn er im April beim Kaiser in Speier war und von da nach erlangter Verzeihung nach Worms zog, so konnte er hier nicht erst am Sonntage „Gaudete in domino", dem zweiten Sonntage vor Weihnachten, ankommen. Dass er noch im Jahre 1236 nach Worms gekommen, ist sicher; denn er urkundet daselbst im genannten Jahre.[1])

Einige Erwägungen an der Hand des Urkundenmaterials können uns hier vielleicht Licht verschaffen. Liess sich oben das den Wormser Bürgern günstige Privileg Friedrichs II. vom Mai 1236 nicht mit der schon im April erreichten Begnadigung Landolfs vereinigen, so würde andrerseits durch eine etwa im Sommer oder Herbst erwirkte Begnadigung die Tatsache ihre Erklärung finden, dass das oben erwähnte Privileg nie zur Durchführung kam. Denn als der Bischof nach Worms zurückkehrte, wurde nicht der Rat der Vierzig, sondern der bischöfliche Rat der Fünfzehn wieder eingeführt. Das war sicher eine Gunstbezeugung des Kaisers gegen den Bischof.

Diese Annahme, dass der Bischof erst im Sommer oder Herbst 1236 die Gnade des Kaisers wiedererlangte, wird noch durch eine zweite Tatsache unterstützt. Als Landolf im Frühjahr 1236 aus Italien zurückkam, hatte er den Papst versöhnt. Dieser Letztere bezeugte ihm in der Folge seine Gunst dadurch, dass er am 5. Mai 1236 dem Erzbischof von Mainz den Auftrag gab[2]), nun endlich dem electus War-

---

1) Boos, WU nr. 184.
2) MG., epist. saec. XIII. nr. 689.

maciensis die Weihe zu erteilen, die demselben immer noch fehlte. Dennoch gilt noch am St. Gallustag (16. Oktober) 1236 Landolf in einer Urkunde Eberhard's von Eberstein als electus[1]), während er in einer Urkunde, die er noch in demselben Jahre in Worms ausstellte[2]), sich episcopus nennt. Somit hat er zwischen dem 16. Oktober und dem 31. Dezember die Weihe erhalten. Als Grund, weshalb der Erzbischof von Mainz, der doch Anfang Juni den Brief des Papstes musste erhalten haben, so lange mit der Weihe zögerte, ist wiederum sehr naheliegend der, dass Landolf erst spät im Jahre die Gnade des Kaisers wiedergewann. —

In den folgenden Abschnitten erweist sich unsre Quelle durch die verwirrte Kronologie wiederum als das Werk einer späteren Zeit. Gleich nach den behandelten Ereignissen des Jahres 1236 geht sie (B 166,$_9$) auf den November 1238 über, während die später (B 166,$_{22}$) erzählten und sogar mit „Postea statim" eingeleiteten Schilderungen noch in das Jahr 1237 gehören.[3])

Die Stelle B 166,$_{10-21}$ handelt abermals von einer Neuordnung des Rates. Als nämlich Landolf im Jahre 1238 beim Kaiser in Italien war, gewährte ihm dieser in letzter Stunde ein Privileg[4]), nach welchem nunmehr der Bischof allein einen Rat von zwölf Mitgliedern nach eigner Wahl einsetzen sollte. Diese Urkunde nun, die allerdings eine unerhörte Machterweiterung des Bischofs enthält, aber nie zur Durchführung gelangte, ist in der historischen Literatur sehr verschieden aufgefasst worden. Wollte man nicht schweren Tadel gegen die Politik Friedrich's II. an dieselbe anknüpfen, so musste man sie deuten oder sie als eine Fälschung ganz aus der Welt zu schaffen suchen. Wir haben nur das Verhältnis des Privilegs zu unsrer Annalenstelle hier zu prüfen.

Die Letztere nämlich stellt, wie oben die Verdammung

---

1) Sch. II, S. 119.
2) Gudenus, Sylloge variorum diplomatariorum etc., S. 185.
3) Den Beweis siehe unten.
4) Boos, WU nr. 190.

Landolf's nach dem Aufstande Heinrich's (VII.), so hier die Ausfertigung dieser Urkunde als ein Werk der Widersacher des Bischofs dar, die den Kaiser veranlassten, den Bischof auf die Probe zu stellen, ob er wol seinen Eid brechen und die Verfassung verletzen würde. Landolf aber bestand die Probe glänzend. Er sagte: Lieber will ich vom Kopfe bis zur Sohle mir die Haut abziehen lassen, als nur die geringfügigste Bestimmung der Verfassung verletzen.

Anknüpfend an diese Erzählung versuchte H. Hesselbarth die Urkunde als unecht zu erweisen.[1]) Ihm möchten wir Folgendes entgegnen:

Das Privileg vom 6. November 1238 ist aus äusseren Gründen nicht anzufechten. Die WA berichten, es sei, natürlich in Abwesenheit des Bischofs, als Fälle erwirkt worden von den Feinden desselben, d. h., nach den WA, von Wormser Domherren. Von diesen ist nun um diese Zeit in Cremona beim Kaiser keiner nachzuweisen. Wol aber hält sich der Bischof Landolf selbst im November in Cremona am Hofe des Kaisers auf; und da das Privileg vom sechsten November ein ausserordentliches Vorrecht für den Bischof enthält, so dürfen wir wol annehmen, dass durch ihn selbst die Urkunde veranlasst ist. Natürlich hat er dann die Urkunde selbst mitgenommen und wird nicht, wie Hesselbarth meint, zwei oder drei Tage vor ihrer Ausstellung abgereist sein.[2]) Ist also die Urkunde echt, so geht ihr Inhalt von dem Bischof selbst aus. Hesselbarth bezweifelt nun freilich die Echtheit der Urkunde, und zwar hauptsächlich deshalb, weil „Schannat (I, S. 374) ganz entgegen seinem sonstigen Gebrauch die Herkunft seiner Urkunde nicht angibt." Bei Urkunden, die im Text abgedruckt sind, ist dies jedoch gerade häufig Schannat's Gebrauch. Wir citiren nur von unsrer Urkunde rückwärts gehend Sch. I, S. 370, 369. 361,

---

1) Siehe seine Beweisführung in den Forschungen zur deutschen Geschichte XVI, S. 371.
2) Boos. WU nr. 191 und 192: Der Bischof war am 16. Nov. noch von Worms abwesend; am 20. Nov. war er da und urkundete daselbst.

342; zudem liegt ja das Original der Urkunde in Darmstadt, worauf schon Arnold, deutsche Freistädte II, S. 45 aufmerksam machte. Die sachlichen Bedenken sind freilich nicht so leicht von der Hand zu weisen; aber wir dürfen die Urkunde nicht deshalb verwerfen, weil wir sie nicht erklären können. Der wahrscheinlichste Zusammenhang der Tatsachen ist, dass Landolf die Urkunde sich verschaffte, um sie dereinst gegen die Bürger zu benutzen, hierzu aber damals keine Gelegenheit fand. Vielleicht sprach er auch damals wirklich den Bürgern gegenüber das bezeichnende Wort aus, das ihm die WA in den Mund legen und das sich dann wol in der Ueberlieferung erhielt. Der spätere Kronist fand dann das Privileg, das nie Verwirklichung gefunden, hörte den Ausspruch des Bischofs und brachte Beides in willkürlichen Zusammenhang.

Soviel ist sicher, dass in unsrer Annalenstelle irgend ein Fehler ist, der sich kaum anders erklärt, als durch die späte Abfassung unsrer Quelle durch einen Krouisten, welcher die Verhältnisse nicht mehr verstand und von dem Bischofe ein Beispiel edler Entsagung berichtete. Das unanfechtbare Privileg ist da, einerlei in welcher Absicht es vom Kaiser gegeben worden war; eine neue kaiserliche Verordnung hob natürlich die alte auf. Wenn der Bischof diese grosse Erweiterung seiner Befugnisse nicht verwertete, so muss er auf Widerstand gestossen sein.

Ebenfalls aus der späten Abfassung und Unkenntnis der Verhältnisse sind zwei weitere Fehler entsprungen.

Der erste betrifft die Einführung der Cisterzienserinnen in das Kloster Nonnenmünster; dieselbe wird erst nach dem Ereignis von 1238 berichtet (B $166,_{22}$ bis $167,_{31}$). Sie ist aber zwei Jahre früher erfolgt. Der Brief Gregor's IX., welcher dem Landolfus electus erlaubt, das Kloster Nonnenmünster durch Einführung von grauen Schwestern zu reformiren, ist datirt vom 20. Sept. 1236.[1]) Die Einführung selbst geschah nach den WA am 25. Januar, d. h. also im

---

1) Boos, WU nr. 183.

Jahre 1237. Auch ist 1237 das Jahr, in welchem der Kaiser das Pfingstfest zu Speier feierte.[1]) Es ist übrigens bemerkenswert, dass der unbekannte Autor diese Scenen trotz ihres etwas schlüpfrigen Inhalts sehr behaglich ausmalt. Den Schluss macht wieder ein besonderer Lobspruch auf den Bischof (B 167,$_{30-31}$).[2]) Der zweite Fehler, den ebenfalls eine auch nur annähernd gleichzeitige Quelle nicht machen konnte, findet sich B 167,$_{31-37}$ fg. Dass Landolf am Mittwoch, d. 10 Juni 1237, gleich nach Pfingsten (B 167,$_{34}$) von Speier aus wieder nach Worms zog, ist möglich. Dass er aber dann, wie die WA weiter erzählen, in Zukunft und sogar bis an sein Lebensende (B 168,$_{26}$) ruhig in Worms blieb, ist falsch. Ende Juni war er schon wieder beim Kaiser.[3]) Am dritten August 1237 stellt er noch zu Worms eine Urkunde aus[4]) und ist dann sofort nach Augsburg zum Kaiser und mit diesem nach Italien gezogen.[5]) Ficker in den Regesten[6]) vermutet, dass dieser Zug eine Bedingung für Landolf's Begnadigung gewesen sei. In diesen Aufenthalt in Italien fällt auch die Ausstellung des Privilegs vom 6. Nov. 1238 (B 166,$_{11}$ fg.), die demnach gemäss der Zeitfolge erst nach B 167,$_{30}$ einzureihen wäre.

Im Folgenden hört die Zeitrechnung stellenweise ganz auf; „post aliquos annos" (B 168,$_{12.13}$) ist die einzige Angabe. An den erzählten Ereignissen zu zweifeln, haben wir

1) B-F, V, nr. 2252a.
2) Ob wir in dem Bericht unsrer Quelle über den Erwerb der Vogtei von Nonnenmünster wieder eine Ungenauigkeit sehen dürfen, ist nicht mit voller Sicherheit zu sagen. Es versteht sich von selbst und ist auch in den WA so dargestellt, dass, wenn die Bürger den Kaufpreis für die Vogtei von Nonnenmünster zahlen, dieselbe ihnen gehört und nicht dem Bischof. In Wahrheit bekamen aber die Bürger die Vogtei erst 1242 märz 25 (Boos, WU nr. 202), und zwar als Lehen aus der Hand des Bischofs.
3) B-F, V. nr. 2259.
4) Boos, WU nr. 186.
5) B-F, V, nr 2269a. 2272.
6) B-F, V, nr. 2281.

keinen Grund. Die Auffassung bleibt dieselbe, weder Stadt- noch Reichsgeschichte wird erzählt, sondern Bischofsgeschichte. Der Bischof zerstreut die bösen Absichten seiner Wider- sacher propter sententias, quas in ipsos fulminare intendebat (B 168,23).

Ebenso unklar, wie am Ende der Regierung Landolf's seine Stellungnahme zwischen Kaiser und Papst ist, stellt sich auch der Bericht über dieselbe in dem Abschnitt B 168,28—37 dar. Am 17. Juli 1245 hatte Innocenz IV. auf dem Konzil zu Lyon Friedrich II. entsetzt und die deutschen Fürsten ermahnt, ohne Rücksicht auf König Konrad einen neuen Kaiser zu wählen. Am 22. Mai 1246 ward Heinrich von Thüringen, der rex clericorum, aufgestellt, zu dessen Wählern auch der Erzbischof von Mainz gehörte. Landolf hatte sich nicht für Heinrich entschieden, war auch nicht zum Fürstentage erschienen und daher am 23. Juli 1246 vom päpstlichen Legaten mit vielen Anderen excommunizirt und suspendirt worden.[1]) In der Schlacht an der Nidda (5. August 1246) unterstützte er weder Konrad IV. noch Heinrich. Man sieht, er wollte, so schwer es ihm von bei- den Seiten gemacht wurde, neutral bleiben. Da er zehn Jahre früher für die Parteinahme gegen den Kaiser schwer hatte büssen müssen, so fürchtete er sich, jetzt gegen den Kaiser und den König aufzutreten; „timens eos offendere" heisst es B 168,35. Aber eben dieses „timens eos offendere" kann ebenso gut bedeuten, dass Landolf die Bürger, die sich für Kaiser und Reich erklärt, nicht verletzen wollte; und so ist, absichtlich oder nicht, die Begründung der Parteinahme Landolf's in unsrer Quelle verdunkelt.

Auf Landolf folgte in der bischöflichen Würde Kon- rad I., der aber nur kurze Zeit im Amte war (B 169,9—10). Das Datum seines Todes ist unsicher, die WA (B 169,17) geben den 7. Oktober an, Z 88,35 den 30. Oktober, MK 129,32 sogar erst den 13. November. Unsre Quelle bringt sicher ein falsches Datum. Wir lesen nämlich, dass Konrad in

---

1) Huillard-Bréholles, hist. dipl. Frid. II, Bd. 6, S. 450.

Mainz begraben wurde (B 169,₁₈) und finden den Grund hierfür Z. S. 88: Die Wormser wollten den Bischof nicht in ihre Stadt einlassen, weil er nicht von Kaiser Friedrich oder König Konrad belehnt sei, sondern die Regalien zugleich mit der Weihe des päpstlichen Legaten in Neuss von König Wilhelm erhalten habe. Der Legat hielt sich am genannten Orte 1247 zwischen dem vierten und elften Oktober auf¹); und am einunddreissigsten Tage nach der Weihe (B 169,₁₇) soll der Bischof Konrad gestorben sein. Danach passt also eigentlich keines der Daten. Sicher muss der Todestag in den November fallen; also ist das Datum unsrer Quelle als entschieden falsch zu verwerfen.

Sehr bezeichnend für die Glaubwürdigkeit unsrer Quelle ist die Schilderung der Doppelwahl Richard's und Eberhard's, welche mit dem Siege Richard's endete (B 169,₂₀—170,₂₀). Wieder wird über einen Zeitraum von fünf bis sechs Jahren berichtet, ohne dass wir andre Zeitangaben bekommen, als „multis temporibus, tandem, postea". Die einzige positive Datirung (169,₃₈) ist falsch.²) Auch sonstige Irrtümer treffen wir an, die einem gleichzeitigen Autor nicht zuzutrauen sind. Wenn der Vertrag zwischen den Bischöfen im Anfang des Jahres 1253 abgeschlossen wurde, so können vorher gar keine Verhandlungen mit dem Papst in Rom stattgefunden haben; dem widerspricht das Itinerar Innocenz' IV.³) Die Verhandlungen in Rom müssen also später stattgefunden haben. Auch bestätigt nicht Innocenz IV., sondern erst Alexander IV. im Jahre 1256 iuli 1 die Uebereinkunft zwischen Richard und Eberhard.⁴) Aus dieser Urkunde des Papstes folgt übrigens, dass die WA auch die Abfindungssumme

---

1) B-F, V, nr. 4888 fg.
2) Statt 1252 ist zu lesen 1253. Den Beweis siehe in dem Abschnitt „Lesarten".
3) Nach Potthast, regesta pontificum Romanorum, II. ergibt sich, dass Innocenz IV. schon von 1244 an bis 1251 april 17 in Lyon sich aufhält. Dann reist er nach Italien, kommt nov. 5 in Perugia an und bleibt daselbst bis 1253 april 27. Darauf verweilt er von mai 1 bis oct. 5 in Assisi und schreibt erst 1253 oct. 12 aus dem Lateran.
4) Boos, WU nr. 267.

(B 169,₈₃₋₈₄) falsch angeben; es waren jährlich 150 Wormser Mark, nicht 100.

Die Darstellung, die Auswahl der geschilderten Ereignisse stimmt wieder ganz zu dem übrigen Teile von 3^{ab}. Die Vorgänge sind durchaus so dargestellt, als sei der Kampf eine Privatsache zwischen den beiden Bischöfen gewesen und als sei Richard, nachdem er durch Zahlung einer Geldsumme sich mit Eberhard geeinigt habe, ohne Widerspruch in die Stadt eingezogen. Wir haben aber über dieselben Ereignisse noch einen anderen Bericht

Was damals während der Dauer von mehreren Jahren die Stadt und die Bürger durch Interdikt und Anfeindung von aussen gelitten haben, und dass sie, die noch immer treu zu König Konrad IV. hielten[1]), dem von der gegnerischen Seite aufgestellten Bischof mannigfache Schwierigkeiten machten, ehe sie ihn einliessen, das erfahren wir ganz übereinstimmend nach einer anderen Quelle im MK 121,₂₅—125,₁₅ und Z 95,₁₀--99,₂₅. Dort werden die Vorgänge als geradezu unerhörte dargestellt. „Simile autem apud nos numquam contigit" heisst es im lateinischen Text; „desgleichen war vor niemals gehört worden" im deutschen Text bei Zorn. Allerdings müssen wir diese Angaben, obwol alle ihre Einzelheiten, Daten u. s. w. vollen Glauben verdienen, mit Vorsicht benutzen, sie eher mildern als verstärken, denn wir haben es hier zweifellos mit einer parteilichen Darstellung von der bürgerlichen Seite zu tun. Es soll nämlich im MK und bei Zorn an der genannten Stelle geschildert werden, auf welche Weise Bischof Richard durch Kirchenstrafen schärfster Art die Bürger dahin bringen wollte, ihren angestammten König Konrad zu verlassen und Wilhelm von Holland anzuerkennen. In der Tat ist ja im folgenden Jahre, 1254 oct., die Stadt Worms unter Mitwirkung ihres Bischofs Richard auf die Seite Wilhelms übergetreten; ob aber für diesen Schritt nicht einfach die Kunde vom Tode Konrad's IV. (1254 mai 21)

---

1) Boos, WU nr. 233 und MG. XVII, 54. Erst 1254 erkannte der rheinische Bund König Wilhelm an, ebenso Worms erst im Oktober 1254.

ausschlaggebend war, bleibt eine offene Frage. Jedenfalls
erkennen wir aus dem Vergleich dieser beiden Berichte, dass
die WA ungenau erzählen, die Anerkennung des Bischofs
und die endgültige Durchführung der Ratsverfassung von
1233 sei ohne Widerspruch der Bürger, ohne Kampf geschehen.
Aus der Darstellung der Regierung Eberhard's[1]) sind
keine Schlüsse zu ziehen: sie ist gefüllt mit kleinen Stadtereignissen, die wir nicht weiter zu prüfen vermögen. Hier
hilft sich die Darstellung durch die oben citirten Bibelsprüche weiter; die Ausdrücke für die Liebe der Bürger zu
ihrem Bischof sind geradezu überschwänglich (B $171,_{17-18}$);
nur Bischofsgeschichte wird behandelt, die gleichzeitigen Ereignisse der Stadt und des Reiches ganz vernachlässigt.

Wir wenden uns jetzt zu den weiteren Stücken aus 3^{ab},
nämlich B $174,_{9-24}$; $174,_{28}-178,_8$; $179,_{84}-180,_{28}$; $200,_{83}$
bis $201,_{85}$; $214,_{30}-215,_{14}$. Stilistisch gehören sie ohne
Zweifel zu derselben Quelle, der die übrigen Notizen in 3^{ab}
entstammen, inhaltlich ist aber gegen die bisher betrachteten
Stellen ein Unterschied da; Böhmer hat daher in völlig richtigem Gefühl die Teile von einander gesondert. Die stilistischen Uebereinstimmungen beweisen nur, dass alle Stücke
von Einem Autor stilisirt sind. Da wir aber in dem betrachteten Teile gesehen haben, dass dieser Autor kein gleichzeitiger Kronist war, und wir diese Bemerkung auch noch
bei den nunmehr zu behandelnden Stücken machen werden,
so ist es sehr wol möglich, dass diesem späteren Ueberarbeiter verschiedenartiges Material vorlag, dem er nur die
gleichmässige Form gab. Wir dürfen daher die oben angeführten Abschnitte nicht etwa darum einem ganz anderen
Werke zuweisen wollen, weil sie nicht lediglich Bischofsgeschichte behandeln oder weil sie nicht in der Schärfe wie
das erste grosse zusammenhängende Stück der Kronik den

---

1) B $170,_{21}-173,_{10}$.

Parteistandpunkt des Bischofs zum Ausdruck bringen. Stilistische Gründe weisen alle Fragmente in dieselbe Kronik; dieselbe stand den Ereignissen nicht sehr nahe, sie musste daher älteres Material benutzen. Der scharf ausgesprochenen Tendenz halber, die in einem Teile dieser Fragmente bemerkbar ist, bezeichnen wir die Kronik als eine Bischofskronik; aber selbst in einer solchen konnten sehr gut Dinge stehen, die nicht nur bischöfliches, sondern allgemein stadtisches Interesse hatten. Es genügt also, da die Stileinheit feststeht, an den bezeichneten Fragmenten noch nachzuweisen, dass sie ebenfalls spätere Ueberarbeitung älteren Materials sind, und dem bischöflichen Standpunkt des hypothetischen gemeinsamen Autors entsprechen, oder mindestens nicht widersprechen. Dann dürfen wir, was ja auch das Nächstliegende ist, sie alle einer spät abgefassten Kronik zuweisen.

Auf die kurze Notiz vom Einzug der Minoriten im Jahre 1221 (B 174,$_{3-6}$) folgt ein Bericht über das erste Auftreten der Prediger in Worms (B 174,$_{7-24}$). Sie fanden, als sie sich dauernd ansiedeln wollten und schon ein Grundstück erworben hatten, Widerstand bei dem Bischof Heinrich[1]), der in seinen Versuchen, sie auszutreiben, sogar so weit ging, die Leiche eines der Brüder wieder ausgraben und anderwärts beerdigen zu lassen.[2]) Bis hierher stimmt der urkundliche Befund mit der Notiz der WA überein. Dann aber macht, obwol es heisst, die Brüder hätten später einen Bauplatz erworben, der kronikalische Bericht ganz den Eindruck, als hätte der Bischof im Wesentlichen erreicht, was er gewünscht. Die Urkunden belehren uns aber vielmehr, dass die Absicht Heinrich's bis zuletzt gewesen war, die Dominikaner wieder zu verjagen und dass er erst durch wiederholte Briefe des Papstes sowie durch Intervention von Trierer Geistlichen[3]) dazu vermocht wurde, die Belästigungen der Brüder abzustellen. Auch die entführte Leiche musste

---

1) Boos, WU nr. 145, 146, 149, 150, 151, 153^{a,b,c}, 162, 167.
2) Boos, WU nr. 151.
3) Boos, WU nr. 153^b.

er wieder ausliefern[1]), was die WA verschweigen. Dennoch beruht unsre Quelle nicht etwa nur auf Urkunden, sondern hat ursprüngliche selbständige Nachrichten gehabt, wie die genaue Kenntnis der Oertlichkeiten sowie des Namens des verstorbenen Predigermönches verrät. Es ist das Nächstliegende, anzunehmen, dass die Wormser Dominikaner selbst diese Nachrichten aufbewahrt hatten. Die Ueberarbeitung derselben durch einen späteren Kronisten zeigt sich wieder in der gänzlichen Verwischung der Zeitrechnung; man empfängt den Eindruck, als sei Alles noch im Jahre 1226 geschehen, während sich die Ereignisse auf sechs Jahre verteilen. Die Quelle von B 174,$_{28}$—175,$_5$ ist nicht zu erkennen; wol aber finden wir für die Art der Entstehung unsrer Kronik einen interessanten Hinweis in dem Abschnitt B 175,$_{19}$—178,$_k$. Der erste Teil bis B 176,$_{24}$ gibt eine allgemeine Schilderung der Ketzerverfolgungen des Konrad Dorso und Konrad von Marburg im Jahre 1231; der Rest des Abschnittes, B 176,$_{25}$—178,$_k$, erzählt die speziellen Schicksale des Grafen Heinrich von Sayn und die Lösung der Verwickelungen durch den Papst.

Wieder können wir die Bemerkung machen, dass die endgültige, uns vorliegende Stilisirung von demselben Autor herrührt, dem wir die übrigen Teile von 3^{ab} zuschreiben mussten. Nichtsdestoweniger aber scheidet sich die erste Hälfte unsres Abschnittes, also das Stück B 175,$_{19}$—176,$_{24}$, aus und lässt erkennen, dass hier dem Ueberarbeiter eine besondre Quelle vorlag. Wenn wir auch sonst an einzelnen verstreuten Stellen von 3^{ab} Anklänge an die Bibel fanden, so waren dieselben doch nie so stark und so gehäuft, wie in dem hier ausgeschiedenen Stücke. Man glaubt, abgesehen von den Namen, ein Stück Vulgata zu lesen. Das häufige Anheben der kurzen Sätze mit „et", der Beginn einer direkten Rede mit „ecce" (B 175,$_{24}$), wie überhaupt die kurzen Stücke direkter Rede, ferner ein dazwischengeworfener Ausruf, der mit „Audite" beginnt (B 175,$_{31}$), sind in der Vulgata sehr

---

1) Boos, WU nr. 151. S. 111, Z. 39 fg.

häufig. „Plaga" (175,$_9$) ist ein beliebtes Bibelwort; die „sententia durissima" (B 175,$_{10}$) erinnert an das „iudicium durissimum" Sap. 6,$_6$, das „iudices — sine misericordia" (B 175,$_{32}$) an Jacob. 2,$_{18}$. Die Stelle B 176,$_1$: „fodentes foveas et incidentes in eas" ist ohne Zweifel Prov. 26,$_{27}$, Ecclesiastes 10,$_8$, Jes. Sir. 27,$_{29}$ entlehnt. Die Gegenüberstellung von Hundert gegen Einen (B 176,$_5$) ist beliebt in den Gleichnissen Jesu (Math. 18; Luc. 15). Und der pathetische Satz, dass bei dem Gericht die Erde erzittert sei (B 176.$_9$) ist ein Anklang an Psalm 75, 9.[1])

Die Richtigkeit des Inhalts unsrer Notiz ist uns durch andre Quellen völlig verbürgt. Es scheint demnach, dass über die Ketzerverfolgungen des Jahres 1231 im Allgemeinen ein in biblischem Tone abgefasster Bericht vorhanden war. Derselbe wird unmittelbar gleichzeitig gewesen sein, denn B 176,$_{21}$ fg. wird ausdrücklich gesagt, dass die Prediger und Minoriten, welche sich an der Verfolgung beteiligten, von der Curie keine Vollmacht dazu hatten. Bekannt ist aber, dass schon 1232 Gregor IX. den Dominikanern die ständige Inquisition in Deutschland übertrug. Somit wird die ursprüngliche Niederschrift vor 1232, also unmittelbar gleichzeitig, zu Stande gekommen sein; vielleicht ist es eine Predigt. Andrerseits ist der Zusatz B 176,$_8$ „qui erat confessor sancte Elizabethe" spätere Zutat, denn Elisabeth von Thüringen wurde erst 1235 heilig gesprochen.

An diesen Teil ist nun der Bericht über die Vorgänge von 1233 angehängt, der durchaus im gewöhnlichen Stile von 3^{ab} abgefasst ist. Wir haben zur Prüfung eine sehr gut über die berührten Verhältnisse unterrichtete, von der unsrigen unabhängige Quelle, die Annales Erphordenses[2]), und urkundliches Material.

Als der Graf von Sayn der Ketzerei angeklagt war und auf der Mainzer Versammlung vom 25. Juli 1233 schon alle Mittel, sich von dem Verdacht zu reinigen, versucht hatte,

---

1) Ueber den Schluss dieses Satzes vgl. den Abschnitt „Lesarten".
2) MG. SS. XVI, 28 fg.

sah er keine' andre Hülfe, als sich an die Curie zu wenden. Es wurden deshalb vom Könige und mehreren Bischöfen Gesandte nach Rom geschickt. Wenn von den Letzteren die Ann. Erph. nur den Speierer Scholastikus Konrad nennen, so ist das noch kein Widerspruch gegen die „Wormser Annalen" mit ihrer grösseren Zahl von Gesandten. Der genannte Konrad war eben nur der Bevollmächtigte des Königs, sowie der Bischöfe von Mainz und Speier; er war dann auch sicher das Haupt der Gesandtschaft. Man mag es auch unsrer Quelle zu Gute halten, wenn sie ihren Wormser Abgesandten, den Magister Volzo (B 177,$_{12}$), am meisten lobt und hervorhebt. Des Speierer Bevollmächtigten gedenkt sie ebenfalls (B 177,$_{13}$); woher sie aber den Mainzer Dekan nimmt, ist fraglich.

Diese Gesandtschaft muss gleich nach dem Mainzer Tage aufgebrochen sein; denn von der fünf Tage später erfolgten Ermordung Konrad's von Marburg brachte sie dem Papste keine Kunde. — Die erste Aeusserung, welche die WA dem Papste in den Mund legen, ehe die Nachricht vom Tode Konrad's eintraf, mag wol inhaltlich richtig sein. Auch die Ann. Erph. melden, dass der heilige Vater auf die Vorstellungen der deutschen Fürsten hin mit dem Verfahren Konrad's von Marburg gar nicht einverstanden gewesen sei und in diesem Sinne schon einen Brief gegen Konrad habe schreiben lassen.

Im Folgenden dagegen berichten die WA falsch, während die Ann. Erph. hier im Einklang mit den Urkunden stehen. Es handelt sich um die Beurteilung der Ermordung Konrad's seitens des Papstes. Die WA sagen: Der Papst versprach, dass Uebergriffe der Ketzerrichter, wie sie zuletzt vorgekommen, nie wieder geschehen sollten; die Geistlichen, welche Teil an den Verfolgungen hatten, tat er in den Bann. „Und so ward mit Gottes Hülfe Deutschland von jenem regellosen, unerhörten Gericht befreit." Das klingt, als ob der Papst die Beseitigung Konrad's völlig gebilligt; er verteidigt das Werk desselben nicht, er bestraft sogar seine Helfershelfer. Es geschah aber in Wahrheit gerade das Gegenteil, wir besitzen noch die Meinungsäusserung Gregor's unmittelbar nach dem Eintreffen der Botschaft. Am 21. Oktober 1233 wusste der Papst noch nichts von Konrad's Tode.[1]) Am Tage darauf wird er ihn erfahren haben, denn am nächstfolgenden, am 23. Oktober, spricht er die Excommunikation über die Mörder aus; Konrad selbst pries er als einen Herold des kristlichen Glaubens. Der Papst kann also die obigen Worte keineswegs beim Empfange der Botschaft von Konrad's Tode gesprochen haben, er verordnete vielmehr von Neuem das Ketzergericht. Aber, und das beweist wieder die späte Bearbeitung unsrer Annalenstelle, eine spätere Zeit konnte sagen: Et sic divino auxilio liberata est Theutonia ab isto iudicio enormi et inaudito. Denn, so sehr der Papst es wünschte, von Konrad's Tode an konnte eine allgemeine päpstliche Inquisition in Deutschland keine Stätte mehr finden. —

Die drei noch übrigen Stücke bieten wenig Neues. Das erste (B 179,$_{18}$—180,$_{23}$) behandelt den Kreuzzug gegen die Tartaren vom Jahre 1241. Es ist das eigentlich durchaus keine Wormser Geschichte; nur der Schluss gibt Gelegenheit, eine edle Tat des Wormser Bischofs zu verzeichnen.

Das zweite Stück (B 200,$_{35}$—201,$_{35}$) beweist wieder, dass unsre Kronik uns überarbeitetes Material darbietet. Die Verwandtschaft unsrer Stelle mit Fl 117,$_{28}$—118,$_{37}$ ist klar. Dennoch hat Flersheim nicht aus unsrer Kronik geschöpft; sondern beide beruhen auf einer gemeinsamen älteren Quelle. Flersheim hat dieselbe in ursprünglicherer Gestalt aufbewahrt, als die WA, er kennt noch die Namen der Bürger, welche den behandelten Streitfall zu untersuchen hatten; er zeigt sich überhaupt mit den Verhältnissen und Gebräuchen jener älteren Zeit viel vertrauter.

Die letzte Stelle unsrer Kronik (B 214,$_{30}$—215,$_{19}$) enthält einige Teppich- und Siegelinschriften.

Soweit reichen die Auszüge, an denen allen wir gemein-

---

1) MG., epist. saec. XIII, nr. 558.

samen Ursprung wahrnahmen. Wir konnten in ihnen nicht, wie man bisher tat, Reste von gleichzeitigen städtischen Annalen erkennen. denn

1) zeigten manche Redewendungen und Irrtümer die späte Abfassung.

2) sprach sich in dem grössten Teile ein bischöflicher, in dem andern Teile mindestens kein diesem entgegengesetzter Standpunkt aus. Städtische Angelegenheiten waren von der Darstellung ausgeschlossen.

3) war die Form nicht die von Jahrbüchern, welche nach und nach die Ereignisse eintragen, sondern die einer Kronik, deren Verfasser den vorhandenen Stoff überblickt und nur das auswählt, was ihm für seine Darstellung geeignet erscheint.

Somit ergibt sich für uns das Resultat: die bis hierher betrachteten Stücke B 158—174,$_2$: 174,$_9$–$_{24}$; 174,$_{28}$—178,$_6$; 179,$_{38}$—180,$_{29}$; 200,$_{35}$—201,$_{35}$; 214,$_{30}$—215,$_{19}$ sind Bruchstücke einer Wormser Bischofskronik, deren Entstehungszeit in das vierzehnte oder fünfzehnte Jahrhundert fällt. Genauer lässt sich die Zeit nicht feststellen.

Es ist jetzt nötig, zu rechtfertigen, warum wir die zwei Stellen B 161,$_{14}$—162,$_{23}$ und 173,$_{11}$—174,$_2$ ausgeschieden haben.

Die erste Stelle stört, wie wir oben sahen, den Zusammenhang. Ferner hebt sie noch einmal fast genau so mit der Schilderung des Zustandes in der Stadt um das Jahr 1231 an, wie die Bischofskronik B 160,$_1$ getan. Nun ist es an sich schon undenkbar, dass eine und dieselbe Quelle eine Sache zweimal mit fast den gleichen Worten berichtet. Aber selbst wenn dies möglich sein sollte, so macht der Inhalt der Stelle ihre Zugehörigkeit zu der Bischofskronik unmöglich.

Wenn nach der allgemeinen Schilderung der Lage in der Stadt die Stelle B 160,$_7$ mit den Taten des Bischofs fortfuhr, so beginnt unsre jetzige Stelle nach derselben Einleitung B 161,$_{19}$ mit Unternehmungen der Ratsmannen, dem Kauf des Rathauses, das sie wider Willen des Bischofs ausbauen, und das hier sehr gepriesen wird (B 161,$_{28}$). Und während es an jener oben betrachteten Stelle nur hiess: Die Klagen des Bischofs gingen dahin, er werde in der Stadt für nichts geachtet (B 160,$_{12}$), heisst es in unsrer Notiz ganz trotzig: Die Ratsmannen sassen auf ihrem Rathause und achteten ihren Bischof für nichts.[1]) Wie dann der Bischof nach Ravenna zieht, — auch dies ist hier noch einmal erzählt — wird auch die oben verschwiegene Unterstützung des Bischofs seitens der Bürger erwähnt. Allerdings scheint es, dass die Unterstützung nur von einem Teile der Bürger ausgegangen ist. Die Bemühungen des Bischofs[2]) beim Kaiser, die in der Bischofskronik zu Ehren der Kirche geschahen, werden hier karakterisirt mit den Worten: procuravit omnia mala civitati Wormatiensi (B 161,$_{30}$), was sicher nicht in einer Bischofskronik stehen konnte. Und als endlich die Bürger mit eigner Hand das Rathaus in Brand stecken, nur damit es nicht unversehrt in die Hände des Bischofs falle oder des Kaisers, der sich damals in seiner Politik den Bürgern feindlich zeigte, da kann der Verfasser an dieser Stelle einen Weheruf nicht unterdrücken: heu illa domus pulcherrima . . . . . . corruit totaliter super terram (B 162,$_{20}$).

Man sieht, das ist nicht der Standpunkt des Verfassers der Bischofskronik, wie denn überhaupt die ganze Stelle auffällt als die einzige, die von einer Angelegenheit der Bürger spricht. Gleichzeitige Aufzeichnung finden wir auch hier nicht; das zeigt wieder ein Fehler in der Kronologie (B 162,$_{18}$). Unsre Quelle sagt, die Bürger hätten das Rathaus erst nach der Rückkehr des Bischofs angezündet. Dann

---

1) „Episcopum suum"· schreibt die Bischofskronik nie. — Uebrigens ergibt ein Vergleich der beiden oben citirten Stellen den Unterschied deutlicher als unsre Darstellung.

2) Bischof Heinrich erwirkte sich u. A. auch das Recht, das Rathaus der Bürger abreissen zu dürfen.   Boos, WU nr. 156.

müsste dieselbe also vor dem 2. Mai, dem Tage des Brandes, erfolgt sein. Das ist falsch. Der Bischof blieb bis in den März 1232[1]) bei dem Kaiser in Ravenna und begleitete denselben darauf nach Venedig, Aquileja, Cividale, Udine, wo wir ihn überall nachweisen können. Von Ravenna aus hatte er aber die Verordnung des Kaisers gegen den Rat schon nach Worms gesandt[2]), bei den Bürgern jedoch dadurch nichts erreicht, so dass er auf dem feierlichen Hoftage zu Cividale, also in der zweiten Hälfte des April oder Anfang Mai, eine erneute Klage erhob. Der darauf erfolgte zweite Rechtsspruch des Kaisers gegen den Rat von Worms wurde dem Bischof im Mai in Udine verbrieft, zugleich mit demjenigen, welcher ihn beauftragte, das Gemeindehaus in Worms niederreissen zu lassen. Noch begleitete der Bischof den Kaiser nach Pordenone, dann kehrte er noch im Mai heim nach Deutschland und brachte die beiden Urkunden von Udine mit. — Die Wormser Bürger aber waren ihm zuvorgekommen, sie hatten am zweiten Mai 1232 schon ihr Gemeindehaus in Brand gesteckt.

Die nun noch übrige Stelle (B 173,$_{11}$—174,$_1$) spricht nicht so deutlich, wie die eben betrachtete, den nicht bischöflichen Standpunkt aus. Doch ist auch hier von einer Unternehmung der Bürger die Rede, welche wieder im Zusammenhange steht mit dem oben erwähnten Stadthause, das demnach in der Zeit zwischen 1233 und 1265 wieder aufgebaut sein muss. Dem Bericht über den behandelten Vertrag der Bürger mit dem Bischof (B 173,$_{20}$ fg.) liegt die Urkunde Boos, WU nr. 335 zu Grunde. Manche Anklänge zwischen beiden sind vorhanden, ohne dass aber die WA ein Stück der Urkunde wörtlich brächten. Der Satz B 173,$_{35-37}$

1) B-F, V, nr. 1946 fg.
2) Huillard-Bréholles, hist. dipl. Frid. II. Bd. 4, S. 335: cum in curia generali Ravenne sollempniter celebrata..... consilia, communitates... duximus omnino cassanda, cives Wormatienses, postquam ad eos constitutio nostra pervenit, consilium facere et tali uti officio presumpserunt, constitutioni nostre presumptuose obriantes.

hat sich aus B 172,₃₀ an dieser Stelle eingeschlichen und muss fehlen, denn das Datum: „1266 iuli 12" gehört zu dem Vertrage wegen des Stadthauses.¹) Wir können nach diesen zwei Bruchstücken natürlich keinen ausreichenden Schluss ziehen auf die Art der Quelle, der sie entnommen. Das Wahrscheinlichste ist, dass dies eine nicht gleichzeitige Bürgerkronik war. Doch sprechen wir das nur als Vermutung aus.

Es dürfte vielleicht die Ausscheidung der beiden zuletzt behandelten Abschnitte noch immer nicht genug begründet sein. Wir wollen daher zum Schlusse für die Richtigkeit unsrer Aufstellung die Probe machen. Bei der Betrachtung der Zorn'schen Kronik im Abschnitt III kamen wir zu dem Resultat, dass kein Zusatz Flersheim's für das dreizehnte Jahrhundert aus einer der Quellen des Monachus Kirsgartensis entstammen kann. Das bestätigt uns das Resultat der Untersuchung dieses Abschnittes: Z und MK haben unsre Bischofskronik in ausgedehntem Masse benutzt, Flersheim nicht. Dagegen bringt der Letztere die beiden ausgesonderten Stücke, die wir demnach mit Recht einer anderen Quelle zugewiesen haben.

Die Belege hierfür sind die folgenden:

An den Stellen MK-Z nr. 7, 13, 14, 20, 24 und 59, wo MK und Z wörtlich übereinstimmen, schöpfen beide aus unsrer Bischofskronik. An einer Stelle, MK-Z nr. 29, benutzt MK diese Quelle, Z nicht; es ist daher natürlich hier kein wörtlicher Zusammenfall zwischen beiden. Das Entgegengesetzte findet statt an den Stellen MK-Z nr. 4, 8, 10, 15, 16, vielleicht 17, 53, 56, 57; auch hier ist keine wörtliche Uebereinstimmung zwischen MK und Z, denn Z fusst hier auf unsrer Bischofskronik, MK dagegen auf anderen Grundlagen. Es wird hierdurch abermals bewiesen, dass Zorn den catalogus episcoporum, also das Fundament der Kronik des Mon. Kirsg., nicht benutzt hat. Denn die Stellen MK-Z nr. 15, 16, 17, 56, 57, wo keine wörtliche Ueberein-

---

1) Boos, WU nr. 335.

stimmung zwischen beiden ist, haben wir auf der Seite des MK in den catalogus verwiesen, während Zorn hier auf der Bischofskronik fusst. Benutzungen der Letzteren an Stellen, denen keine im MK entsprechen, finden sich schliesslich noch Z $130_{,36-37}$; 63 Anm.; $63_{,32}-64_{,15}$: $77_{,3-12}$: $77_{,15-27}$; $70_{,21}$; $71_{,16}-72_{,13}$.[1])

Wir erkennen also die Benutzung der bischöflichen Kronik nicht nur bei Z, sondern auch bei dem MK; damit stimmt denn auch überein, dass keiner der Flersheim'schen Zusätze aus derselben geschöpft ist. Dagegen entsprechen die beiden ausgesonderten Abschnitte den Stellen Fl $62_{,18}$ bis $63_{,30}$ und Fl $121_{,25}-122_{,15}$.

Vergleichen wir die Art der Quellenbenutzung bei Z und Fl, so erselien wir auch deutlich den oben bei der Karakteristik beider Schriftsteller bezeichneten Unterschied: Zorn verfährt freier mit dem Original, während Flersheim die Quelle sorgfältig übersetzt. Zu der ersten von Flersheim benutzten Stelle müssen wir übrigens noch eine Bemerkung machen. Er hat dieselbe nämlich nicht in der Form vor sich gehabt, wie 3[a,b] sie bietet, sondern wie wir sie in Handschrift 2 finden, d. h. in der ganzen zweiten Hälfte (von B $161_{,40}$ an) verkürzt. Diese Verkürzung hat Böhmer nicht mit aufgenommen; sie findet sich MG. XVII, $41_{,}$ rechts. Und so machen wir hier vorerst nur an dieser einen Stelle zwei Wahrnehmungen:

Erstens, dass die Handschrift 2 teilweise aus derselben Quelle schöpft, wie 3[a,b], dabei aber Veränderungen nicht scheut.

Zweitens, dass Flersheim sich zur Handschrift 2 hinneigt. Das leitet uns zu dem nächsten Abschnitt über.

1) Die Citate sind geordnet gemäss der Reihenfolge des Böhmerschen Textes der WA.

VII.
Die Handschrift 2.

Die Handschrift 2 enthält zum grössten Teile rein städtische Angelegenheiten, deren Glaubwürdigkeit wir nicht weiter nachprüfen können. Der Inhalt der Handschrift wird eingeleitet mit den Worten: Quaedam notabilia ex veteri manuscripto libro latino chronicorum Wormatiensium. Alle Notizen also, welche in 2 stehen, sind aus einem und demselben Kodex abgeschrieben: das steht fest.

Hier ist nun wol der Ort, die Hypothese Böhmer's[1]), dass alle Teile der WA gleichen Ursprung haben und als Bruchstücke Eines Werkes zu betrachten sind, zu prüfen. Die Handschrift 2 war das erste Bruchstück der „Wormser Annalen", welches Böhmer schon im Jahre 1835 fand; und eben diese Handschrift schöpft, wie wir gesehen haben, ihren Inhalt aus einem einzigen Kodex. Ein Gleiches ist von der Handschrift 1 zu sagen; ihr Inhalt stammt aus einer einzigen beim Reichskammergericht vorgelegten Kronik. Und da 1 und 2 einige Stücke gemeinsam haben, so identifizirte Böhmer die beiden Kroniken, aus denen der Inhalt von 1 und 2 stammt. Die Handschrift 3[a], welche Böhmer 1843 fand, sagte zwar nicht, dass sie ihre Berichte aus einer einheitlichen Kronik habe; aber da der Inhalt dieser Handschrift sich in manchen Punkten mit dem von 1 und 2 berührte, so lag es nahe, an eine gemeinsame Quelle aller drei Handschriften zu denken.[2]) Und in der Tat, unmöglich ist diese

---

1) Es genügt, nur von der Ansicht Böhmers zu sprechen, da Pertz dieselbe unverändert beibehalten hat, wenn er seine Ausgabe auch anders einrichtete als Böhmer. Vgl. oben den Abschnitt „die Ueberlieferung".

2) Man könnte sagen, Böhmer, Einl. S. XX, Z. 14 habe ja selbst

Annahme nicht. Es ist ja bekannt, wie Mancherlei man im Mittelalter bisweilen in einen und denselben Kodex eintrug. So mag denn auch hier die gemeinsame Quelle ein solcher Sammelband gewesen sein. Bis zu diesem Punkte hat man keinen Grund, Böhmer zu widersprechen. Ja, diese Ansicht ist sogar sehr annehmbar, denn auf andre Weise lässt es sich gar nicht erklären, dass die Notizen, welche doch alle aus Einer Kronik stammen sollen, so sehr verschieden in Form, Stil, Inhalt und Auffassung sind.

Sicher aber war es ein Irrtum von Böhmer, dass in den erwähnten Sammelband Jahr für Jahr gleichzeitige Eintragungen gemacht wurden: denn ein grosser Teil desselben, den wir schon kennen, nämlich der Inhalt von 3[ab], ist nicht gleichzeitig. Und Bruchstücke dieses nicht gleichzeitigen Teiles finden sich in allen drei Handschriften. Andrerseits ist freilich nicht ausgeschlossen, dass andre erhaltene Teile dieses Sammelbandes wörtliche Abschrift von alten gleichzeitigen Aufzeichnungen sind; von diesen letzteren haben wir in 3[ab] nichts gefunden, könnten aber in 2 vielleicht noch etwas entdecken.[1])

eingeräumt, es könnten einzelne Stücke seiner WA auch gar wol anderen Aufzeichnungen entstammen, als den rathäuslichen. Aber dies ist bei Böhmer nur ein augenblicklicher Gedanke, der keine bestimmte Form gewonnen hat. Diesem Gedanken widerspricht auch die ganze Einrichtung der Ausgabe; besonders aber widerspricht ihm das Eine, dass nämlich Böhmer die im Jahre 1512 beim Reichskammergericht vorgelegte Wormser Kronik für originale rathäusliche Aufzeichnungen hielt, welche der Stadtschreiber gemacht hätte. Und doch ist aus dieser dort vorgelegten Kronik die Handschrift 1 geflossen, welche manche Abschnitte mit 3[ab] gemeinsam hat, Stücke also, die vielmehr einer Bischofskronik entstammen. Da Böhmer diese für rathäusliche Aufzeichnungen hielt, so konnte er in allen übrigen Stücken auch nur bürgerliche Annalen sehen. Und so haben ihn auch Pertz und alle späteren Benutzer verstanden. — Was Böhmer mit dem Ausdruck „Originalkronik" als Bezeichnung für die Quelle der Handschrift 1 sagen wollte, ist unklar. Die Handschrift selbst, der Bogen kl. folio, der darüber hätte Aufschluss geben können, war trotz der eingehenden Nachforschungen des Herrn Archivrat Dr. Veltman in Wetzlar nicht zu finden.

1) Ueber die Benutzung des fraglichen Sammelbandes mit seinem

Wenn nun der Annahme, dass alle drei Handschriften aus dem gemeinsamen Kodex geschöpft haben, nichts im Wege steht, ja wenn wir für den Inhalt der Handschrift 1 die Seitenzahlen dieses Kodex augeben und so auf seine Einrichtung Schlüsse ziehen können, so führt uns das doch noch nichts weiter. Denn was zufällig in einer mittelalterlichen Handschrift vereinigt war, das braucht noch durchaus nicht gleichen Ursprungs zu sein: auf den Ursprung der historischen Berichte, nicht auf ihre zufällige Ueberlieferungsart suchen wir aber zurückzukommen. Und so können wir, wenn der Inhalt unsrer Handschrift 2 uns als „quaedam notabilia ex veteri manuscripto libro latino chronicorum Wormatiensium" bezeichnet wird, nur sagen: Alle diese Notizen waren einst in einem gemeinsamen Kodex vereinigt, wie sie noch heute in Einer Handschrift vereinigt stehen; das beweist aber noch nichts für den Ursprung der einzelnen.

Der Inhalt der Handschrift 2 ist sehr mannigfaltig; und ebenso fragmentarisch, wie er ist, muss auch unsre Betrachtung desselben werden.

Drei Stücke zuerst sind uns schon bekannt, sie stammen aus der Bischofskronik in 3[a,b]; Böhmer hat darum zwei derselben nicht mit abgedruckt und hätte auch das dritte fehlen lassen können. Es sind die Stellen MG. XVII. $38_{,14-31}$ rechts; B $192_{,19-}$ = MG. XVII, $60_{,33-37}$; MG. XVII, $65_{,30-31}$; und zwar sind es Auszüge aus B $174_{,1}$ fg.; $171_{,2}$ fg.; $200_{,35}$ fg. Diese kleinen Auszüge sind ganz sklavisch; der letzte sogar aus diesem Grunde völlig sinnlos.

---

mannigfaltigen Inhalt ist noch das Folgende zu sagen: Sowol der Mon. Kirsg. als auch Flersheim haben Teile seines Inhaltes benutzt, wie wir schon gesehen haben und noch weiter sehen werden. Da aber Beide, wie wir im Abschnitt III gefunden haben, verschiedene Vorlagen benutzt haben müssen, so kann Keiner von ihnen den Sammelband selbst vor sich gehabt haben, sondern Jeder nur einen Teil der getrennten Quellen desselben. Mit Berücksichtigung dieser Tatsache ist es uns allein möglich, die verschiedenen Teile desselben von einander abzusondern.

In die Merowingerzeit führt uns ein anderes Stück zurück, B 209,₇₋₁₆. Die Wormser Geschichtsschreiber behandeln alle die merowingische Geschichte nur ganz kurz und oberflächlich; da muss es denn doppelt auffallen und beinahe unbegreiflich scheinen, dass sich alle gerade mit der Königin Brunichildis beschäftigen.[1]) Der Grund hierfür ist wol kaum in der historischen Tradition zu suchen, sondern hängt vielleicht mit den in und um Worms spielenden Sagen zusammen, die sicher im Mittelalter in Aller Munde waren. Wie die Burgunden fortziehen ins Hunnenland und Alle dort ihren Tod finden, da bleibt in Worms allein die Königin Brunhild zurück. Mochte man sich nun andren Ortes mit dem tragischen Schicksal der Helden zufrieden geben, in Worms lag sicher die Frage nahe: Was wird aus dem Reiche der Burgunden? Was wird aus der Königin Brunhilde? Und fragte man dann die alten Kroniken um Rat, so gab es da allerdings eine Königin Brunichildis, und von dieser war erzählt, was uns die Wormser Geschichtsquellen aufbewahrt haben: Sie tat Gutes und stiftete zu Gottes Ehre viele Klöster.

Denn mehr als andere Berichte überliefern uns die Wormser Aufzeichnungen auch nicht, nur dass die Königin einen Aufenthalt in Worms nahm und für die Stadt sorgte. Das Uebrige, was unsre Stelle bringt, findet sich auch in sonstigen Quellen am Ende der Lebensbeschreibung der Brunichilde, meist mit dem Zusatz: Es ist zu bewundern, wie eine einzelne Frau das alles vollbringen konnte.[2])

Woher unsre Notiz stammt, ist nicht zu ermitteln; authentischen Wert hat sie nicht. Ja, es scheint nicht einmal eine eigene Wormser Aufzeichnung zu sein, da am

---

1) Ausser unsrer Stelle der WA siehe noch Z 20,₂₅₋₃₂ und MK 11 und 12, der hier aus dem schon im fünfzehnten Jahrhundert viermal gedruckten Hauptwerke des französischen Humanisten Robert Gaguin schöpft.

2) Vgl. z. B. die Stellen: Aimoini mon. Floriac. De gestis Franc. IV, cap. 1; vita S. Hugonis mon. Aeduensis; Chroniques de St. Denis IV, 21: Bouquet, recueil III, pag. 118,₁₋₁₀; 460; 269.

Schluss der Name „Wormatia" erklärt werden muss durch „que capud Vangionum populorum est".

B $209,_{17}$—$210,_6$ ist eine Bauordnung[1]), die uns auch bei Schannat und bei Flersheim $39,_{20}$ erhalten ist. Doch während die andern Quellen Burkhard als den Urheber dieser Verordnung nennen, schreiben die WA dieselbe dem Bischof Dietlach zu. Glaubwürdiger ist das Erstere, dass nämlich Burkhard, der überhaupt viel für den Wiederaufbau der Stadt tat, auch für den Mauerbau sorgte. Die Angabe der Regierungszeit Dietlachs (873—914) in den WA entspricht zwar Fl $31,_{26}$ und beruht also mit diesem schon auf alter Quelle, ist aber gänzlich falsch, wie Schannat (I, 319 fg.) schon nachgewiesen hat. Dietlachs Regierungszeit wird allgemein auf 891—914 angesetzt.

Die Abschnitte B $210,_2$—$214,_9$ sind Aufzeichnungen über die Beamten und die Rechtspflege in der Stadt Worms. Sie entsprechen, wie schon Arnold klar gemacht hat, ganz den Verhältnissen am Ende des zwölften und am Anfange des dreizehnten Jahrhunderts. Nur muss aus ihrer Reihe der Abschnitt B $210,_{31}$—$211,_{29}$ ausgeschieden werden, der, wie Böhmer (S. 211, Anm.) richtig berechnet hat, erst im Jahre 1483 oder 1484 geschrieben sein kann.

Das Stück „De heimburgis" (B $212,_{29-34}$) ist nur Fragment. Fl $59,_{14}$ fg. erwähnt nämlich ein Privileg Heinrich's VI. für Worms vom Jahre 1190, das dem Kronisten wol noch im Original vorgelegen hat, da er sonst seiner Gewohnheit gemäss sicher eine Notiz über die Art der Ueberlieferung desselben gemacht hätte. Dies Privileg setzt sich zusammen aus unsrer Annalenstelle und einem Fragment, welches Böhmer, fontes II, S. 215 fg. bringt. Sicher also gehören diese beiden Bruchstücke zusammen.

---

1) Erläutert von F. Falk, Forschungen zur deutschen Geschichte, Bd. 14. S. 397.

Aus welcher Zeit die Festsetzungen über den Frankfurter Wochenmarkt (B 214,$_{10-20}$) stammen, ist fraglich.

Der Bericht über den Kampf Adolfs von Nassau mit Albrecht (B 207,$_{36}$ fg.) ist nur ein Auszug aus einer ausführlicheren unmittelbar gleichzeitigen Darstellung, welche F. Falk in den Forschungen zur deutschen Geschichte Bd. 13, S. 587 veröffentlicht hat.

Die bisher betrachteten Stücke sind alle von der im Abschnitt V gegebenen Stiluntersuchung ausgeschlossen worden. Wir haben dort in dem genannten Abschnitt aus stilistischen Gründen den grossen Bericht über die Händel des Jakob von Stein (B 184,$_{22}$—185,$_{14}$; 192,$_{9}$—196,$_{18}$; 197,$_{4}$ bis 199,$_{11}$) ausgeschieden, welcher, entgegen dem sonstigen Teile der Handschrift 2, Stilgleichheiten mit 3^{ab} zeigte. Dass die Handschrift 2 auch sonst einzelne Berührungspunkte mit 3^{ab} hat, sahen wir schon oben. Da in dem Berichte alle Angaben, Namen und Daten, soweit wir sie zu prüfen vermögen, sehr glaubwürdig sind, so scheinen der jetzigen Fassung ältere gleichzeitige Aufzeichnungen, Protokolle über die mannigfachen Verhandlungen oder Aehnliches zu Grunde gelegen zu haben. Die jetzt uns überlieferte Form kann aber nicht die ursprüngliche sein; der jetzige Text ist eine einheitliche Erzählung, die also erst abgefasst sein konnte, als der fünfzehn Jahre dauernde Streit völlig beendet war; nicht gleichzeitig mit den einzelnen Phasen desselben, doch auf Grund gleichzeitiger Aufzeichnungen. Die Darstellungsweise entspricht ganz der unsrer Bischofskronik. Breite Erzählung haben wir mit voller Ausmalung der Situation, auch einen eingestreuten Satz direkter Rede (B 185,$_{4}$): der Bischof steht wieder ganz im Vordergrund, nach seiner Regierungszeit wird gerechnet.

Doch sind die Angaben hier zuverlässiger, als sonst in der Bischofskronik, vermutlich wegen der besseren Quellen und auch, weil hier der Bischof gegen die Räubereien derer von Stein, seiner Ministerialen, entschieden im Rechte war. Nur im Anfang der Erzählung ist eine Motivirung ausgelassen worden; so wie die Verhältnisse dargestellt sind, scheint es, als ob der Stiftskantor Albrecht, der Bruder des Jakob von Stein, sich ohne guten Grund gegen den Bischof aufgelehnt habe, und zwar erst in Abwesenheit desselben.[1])

Wir müssen uns da vergegenwärtigen, dass uns der Beginn der Händel in das Jahr 1245 führt, das Jahr, in welchem zu Lyon Friedrich II. gebannt wurde, und zugleich die misliche Zeit, in welcher Bischof Landolf wieder Partei ergreifen sollte für oder wider den Kaiser. Wir haben oben gesehen, dass er eingedenk der früheren schweren Strafe für sein Auftreten gegen den Kaiser lieber neutral blieb.

Seine in unserer Annalenstelle erwähnte Fahrt nach Lyon ist uns auch Z 86, Anm. bezeugt. Sie fällt nach Zorn's Angabe in den Oktober und November 1245; und damit stimmt vollkommen die Angabe der WA, dass Landolf am ersten Adventssonntage = 3. Dec. 1245 noch von Worms abwesend war. Am 19. December 1245 war er nicht mehr in Lyon, denn an diesem Tage wendet sich in einer ganz geringfügigen Sache der Papst brieflich an ihn.[2])

Die Feindschaft mit dem genannten Kantor war aber schon früher ausgebrochen, und zwar nicht ganz ohne Schuld des Bischofs. Während nämlich der Letztere sich gegen Kaiser und König schwankend verhielt, hatte er doch den Kantor aus der Stadt verbannt und ihm wahrscheinlich auch seine Pfründe entzogen, weil dieser offen zu den Feinden des Reiches, zu dem Erzbischof von Mainz getreten war. Wir erfahren dies aus einem Briefe des Papstes Innocenz' IV., an welchen sich Albrecht gewandt hatte, und von welchem er in dieser Sache natürlich Unterstützung erhielt.[3]).

Die Darstellung des weiteren Verlaufes der Händel ist,

---

1) Gegen Ende des Jahres 1245.
2) Berger, les registres d'Innocent IV., I, nr. 1646, S. 248.
3) Der Brief ist schon aus dem August 1245. Berger, l. c., nr. 1391, S. 213.

wie schon betont, eine zusammenhängende Erzählung, so dass also die Ueberschriften der einzelnen Abschnitte (B 184,$_{22}$; 192,$_{10}$) erst später eingefügt sind. Die erste derselben mit ihrem Zusatz: „qui nunc ii de Oberstein dicuntur" ist sicher erst späten Ursprungs. Die Familie derer von Oberstein lässt sich mit diesem Namen für uns nicht weiter als bis zum Jahre 1497 zurück verfolgen.[1]) Auch die Stelle B 193,$_{25-35}$, welche verwirrte, den sonstigen Angaben unsrer Bischofskronik widersprechende Daten gibt und den Zusammenhang stört, gibt sich als ein Einschiebsel zu erkennen.

Was nach Ausscheidung dieser Stellen noch von der Handschrift 2 übrig bleibt, das sind endlich die Bürgeraufzeichnungen, das sind Wormser Annalen. Sie bilden etwas mehr als ein Drittel des ganzen Böhmer'schen Annalentextes, ungefähr 21 Seiten von 57. Dies müssen gleichzeitige Aufzeichnungen sein; einfach und schmucklos werden die Begebenheiten berichtet. Nirgends findet sich ein Blick über das eben erzählte Ereignis hinaus, weder vorwärts noch zurück. Zudem findet man eine solche Fülle von Namen beteiligter Personen, die man teilweise durch die Urkunden jener Zeit noch nachweisen kann; der unbekannte Verfasser verrät so genaue Kenntnis der Oertlichkeiten, oft ganz geringfügiger Dinge, wie Mühlen, Wegkreuze u. s. w., wie nur ein Augenzeuge sie haben konnte. Besonders aber sind die Daten massgebend, die, soweit wir sie controliren können, alle zutreffen, besonders Doppeldaten, Sonntage mit ihrer kirchlicen Bezeichnung und dem römischen Datum (B 191,$_{24}$ u. ö.). Und, was fast noch beweiskräftiger für die unmittelbare Gleichzeitigkeit ist: die Verwandtschaftsverhältnisse unter den kleinen Herrengeschlechtern, die heute nur mühsam und mit grossem historischen Material rekonstruirt werden können, beherrscht der Autor vollkommen (B 188,$_{13}$ u. ö.). Aus-

---

1) Grote, Stammtafeln, S. 172.

drücklich wird die Gleichzeitigkeit freilich nur an einer einzigen Stelle bezeugt (B 181,$_{12}$): „dominus Wiricus de Duna et dominus Conradus de Wartenberg, qui advocati sunt villae eiusdem". Das Präsens „sunt" konnte nur ein gleichzeitiger Annalist schreiben, so lange die genannten Herren noch am Leben waren.

Der Inhalt verrät die bürgerliche Abfassung, denn nur reine Stadtereignisse, vor allen Dingen zahlreiche Kriegszüge der Wormser werden verzeichnet. Von dem Bischof ist fast gar nicht die Rede, höchstens vorübergehend und in ganz andrer Weise als in unsrer Bischofskronik (vgl. B 180,$_{24}$; 181,$_{17}$; 207,$_{18}$; 179,$_{6}$ u. $_{7}$; 204,$_{35}$). Dagegen wird die Treue der Bürger gegen den Kaiser und das Reich rühmend gedacht (B 179,$_{11}$ fg.: 183,$_{15}$). Das Verfahren der Erzbischöfe von Mainz und Köln gegen Kaiser Friedrich auf dem Konzil von Lyon[1]) (B 183,$_{82}$ fg.) wird sehr ungünstig beurteilt. Die mit Erfolg gekrönten Bemühungen des Speierer Bischofs, die Bürger seiner Stadt zur Parteinahme für den rebellischen König Heinrich (VII.) zu bewegen, werden geradezu als Verführung bezeichnet (B 178,$_{40}$—179,$_{1}$). Und wie die Angriffe des Königs gegen Worms an dem kräftigen Widerstande der Bürger abprallen, wie es den Feinden nur gelingt, ein paar Häuser in der St.-Michaelsvorstadt anzuzünden, und sie sich dann eiligst zurückziehen müssen, da klingt es fast wie ein Spottlied hinter den Fliehenden her: „reversi sunt ad suum regem". (B 179,$_{34}$.) War Heinrich doch auch König über die Bürger von Worms: nur halfen sie ihm nicht im Aufruhr gegen den Kaiser.

Die „Wormser Annalen" sind eine wichtige Quelle für die rheinische Geschichte während der letzten Jahre Friedrich's II. und besonders für die Interregnumszeit, sie sind daher für die Ausarbeitung der Regesten zur Geschichte jener Periode stark benutzt worden. In den meisten Punkten, wo sie nur städtische Angelegenheiten behandeln, sind sie gar nicht zu prüfen. Und wollten wir an den übrigen Stellen

---

1) Vgl. Will, Regesten zur Geschichte der Mainzer Erzbischöfe, Bd. 2, S. XXXV bis XL.

hier im Zusammenhange Kritik üben, so müssten wir sehr Vieles aus dem Böhmer-Ficker'schen Werke einfach wiederholen. Wir verweisen daher unsre wenigen zerstreuten Anmerkungen lieber in den Abschnitt „Lesarten".
Aber eine andre Probe müssen wir noch machen, nämlich die, ob es auch richtig war, den Hauptinhalt der Handschrift 2 anderen Quellen zuzuweisen, als den von 3^{ab}. Und hierzu dient uns wiederum das Resultat, das wir aus der Tabelle MK-Z gewonnen: wir finden unsre Trennung der Quellen bestätigt. Denn der Monachus Kirsgartensis hat gar keine Berührung mit dem Inhalt von Handschrift 2, dagegen ist dieselbe Flersheim's vorzüglichste Quelle. In der Reihenfolge des Böhmer'schen „Annalen"-Druckes kommen hier folgende Stellen in Betracht: Fl $83,_{31}-84,_{16}$; $84,_{38}-85,_{3}$; $85,_{28}-86$; $86,_{30}-87,_{30}$; $88,_{20-23}$; $88,_{28-25}$; $89,_{27}-90,_{37}$; $90,_{38}-91,_{30}$; $92,_{12-13}$; $92,_{4-19}$; $92,_{23-34}$; $85,_{3-6}$; $101,_{3-14}$; $102,_{21-35}$; $103,_{29}-104,_{1}$; $104,_{32-35}$; $108,_{23-31}$; $106,_{5-14}$; $106,_{17-24}$; $110,_{11-15}$; $110,_{20-22}$; $110,_{18-20}$; $116,_{12-16}$; $111,_{1-7}$; $112,_{1-6}$; $112,_{27}-114,_{23}$; $115,_{11-33}$; $112,_{20-24}$; $116,_{24}-117,_{22}$. $116,_{3-6}$; $116,_{1}$; $118,_{38}$; $119,_{36}-120,_{37}$; $121,_{20-24}$; $122,_{16-27}$; $122,_{28}-123,_{11}$; $123,_{28-34}$; $124,_{17-37}$; $126,_{30}-127,_{12}$; $125,_{32}$ bis $126,_{9}$; $127,_{13-32}$; $128,_{17-12}$; $128,_{28-31}$; [$39,_{20}$ fg.]; $67,_{31}$ bis $68,_{18}$; $66,_{28}-67,_{23}$; $59,_{18}-60,_{4}$; $68,_{24}-69,_{31}$; $66,_{17-18}$; $67,_{24-30}$.
Auch Zorn hat diese unsre Quelle benutzt an den Stellen Z $70,_{14-17}$; $74,_{28-31}$; $74,_{33}-76,_{22}$; $80,_{10-19}$; $80,_{25-27}$; $84,_{17-26}$; $79,_{21}-80,_{8}$; $85,_{20-24}$; $80,_{8-10}$; $85,_{24-27}$; $81,_{6-13}$; $88,_{13-19}$; $106,_{28}-108,_{34}$; $112,_{7-20}$. Doch zeigt sich auch hier wieder, dass Zorn seine Quellen mehr bearbeitet als übersetzt und in Dingen, die ihm für seinen Zweck unbedeutend scheinen, wenig genau ist. So berichtet er auf den achtziger Seiten über die verschiedenen Heereszüge König Konrad's und des Erzbischofs von Mainz in ganz unheilbarer Verwirrung.

Aus unsrer Untersuchung ergibt sich auch das Urteil über die Pertz'sche Ausgabe der Annales Wormatienses.

Seine beiden wesentlichen Prinzipien waren: streng kronologische Anordnung und Ergänzung der Lücken des Textes durch Stellen aus dem Mon. Kirsg. Beides ist zu verwerfen. Die kronologische Anordnung ist verkehrt, weil die sogenannten Ann. Worm. sich aus den Bruchstücken verschiedener Werke zusammensetzen; ja, sie ist sogar unmöglich, wie schon die einfache Anschauung des Druckes der Pertzschen Ausgabe lehrt, die nicht einen einheitlichen, fortlaufenden Text, sondern oft zwei neben einander herlaufende Erzählungen zeigt. Die einfache Einfügung seitenlanger Stücke aus dem Mon. Kirsg. aber ist deshalb zurückzuweisen, weil dieser Autor gerade im dreizehnten Jahrhundert, wo die Wormser Geschichtsquellen reichlich flossen, höchst verwirrt ist und keinenfalls die reine Form der alten Ueberlieferungen bewahrt hat, da er, wie wir oben sahen, schon bei der Wiedergabe ganz einfacher Quellenwerke sehr unzuverlässige Texte bietet. Sicher hat er ältere Wormser Berichte benutzt, aber wir erkennen dieselben nicht mehr; Pertz vermochte gar keinen Beweis zu bringen, weshalb er dieses oder jenes Stück in seine Ausgabe aufnahm. Die alte reinere Quelle ist durch diese Stücke, deren Form und deren Herkunft ganz unsicher ist, nur getrübt. Böhmer in seiner Vorrede S. XXIV hat mit Recht betont, dass man in die historischen Quellen nur das unzweifelhaft Echte aufnehmen muss; zudem bleibt ja der Mon. Kirsg. noch Jedem zur Benutzung nebenher erhalten.

Einige Abweichungen von dem Böhmer'schen Texte hat die Pertz'sche Ausgabe noch. So liess Pertz ganz ohne Grund die Stelle B 203,$_{38}$—205,$_{11}$ aus. Die Stelle ist ebenso echt, wie das Uebrige, und hätte im Text stehen bleiben müssen.

Besonders aber sind an einer Stelle zwischen den beiden Ausgaben kleine Unterschiede. Bei Böhmer, S. 188, Z. 37, in den MG. schon mit einem von Böhmer ausgelassenen Stücke, welches MG. XVII, 55,$_{43}$ fg. steht, beginnt in den WA der Bericht über den rheinischen Bund von 1254: es sind kleine Erzählungsstücke mit eingestreuten Akten. Die Letzteren sind jetzt vollständig im Zusammenhange, soweit sie erhalten sind, gedruckt bei Julius Weizsäcker, der rheinische Bund, Tübingen 1879, S. 15 bis 40.[1]) Ein Wormser Bericht über diesen Städte- und Fürstenbund muss uns im höchsten Grade willkommen sein, denn Worms war neben Mainz die wichtigste Stadt des Bundes, sie hatte die gesammte Bundeskorrespondenz mit den Städten von der Mosel rheinaufwärts zu führen. Kein Zweifel also, dass man in Worms über die Geschicke des Bundes sehr gut unterrichtet war. Auch ist wol von vornherein anzunehmen, dass, wenn man in jener Zeit überhaupt die Schicksale der Stadt aufzeichnete, man diese wichtigen Ereignisse nicht ausliess. Wir haben nur die Aufgabe, sorgfältig die echten gleichzeitigen Berichte von späteren weniger glaubwürdigen Bearbeitungen zu scheiden. Der rheinische Bund entwickelte in der Zeit seines raschen Aufblühens eine grosse Tätigkeit, das beweisen uns die Akten über die häufigen Bundestage mit ihren kräftigen Massregeln. Aber schnell, nach wenigen Jahren schon, ging in Folge innerer Zwistigkeiten, die sich gleich im Beginn gezeigt hatten, der Bund wieder auseinander, und damit erlosch auch die Kunde von der Zusammensetzung und den Zielen desselben; in der Erinnerung konnten sich solche Dinge nicht erhalten. Was deshalb von Berichten über den rheinischen Bund nicht den Stempel unmittelbarer Gleichzeitigkeit trägt, das ist als historische Quelle nicht brauchbar.

1) Dieses Werk besonders muss man bei den Fragen über den rheinischen Bund von 1254 heranziehen. Weizsäcker hat zuerst betont, dass die Bezeichnung „Städtebund" zu verwerfen sei, da in demselben neben den Städten die Herren aus den rheinischen Gegenden, Bischöfe und weltliche Herren, als wichtiger Faktor beteiligt sind. Bei der Natur des uns erhaltenen Materials ist das Buch von Weizsäcker ungeheuer hypothesenreich und macht daher beim ersten Lesen keinen ganz vertrauenerweckenden Eindruck; doch stellte sich beim wiederholten Durcharbeiten und Nachprüfen heraus, dass die wichtigen, grundlegenden Hypothesen sämmtlich grosse Wahrscheinlichkeit für sich haben. Die Hauptresultate der Untersuchung: die Art, die Zusammensetzung und die Zwecke des Bundes, die Beschaffenheit des noch vorhandenen Aktenmaterials, sowie die Art, auf welche uns das Letztere überliefert ist, sind zweifellos richtig.

Wir haben mit dem Text der WA zu vergleichen: die Stellen Z 100,$_{30}$ fg. und MK 125,$_{31}$ fg.

Ueber den rheinischen Bund von 1254 berichtet der Mon. Kirsg. 125,$_{31}$—126,$_{13}$ Folgendes: Mainz und Worms verbünden sich im Februar 1254, plötzlich ist auch Oppenheim dabei; und diese drei veranlassen, dass am Margarethentage 1254 sich viele Städte, die mit Namen genannt sind, darunter Frankfurt, dem Bunde anschliessen, sowie dass Gerlach von Mainz (gemeint ist Gerhard I.) und Andre ihnen Unterstützung zusichern. — Dass hier in der Darstellung des späten Erzählers der vorbereitende Bund der drei Städte, die Gründung des grossen Bundes und ein Mitgliederverzeichnis aus späterer Zeit zusammengeworfen sind, und dass somit dieser ganze Bericht unbrauchbar ist, das hat Weizsäcker S. 132 fg. und 152 genügend bewiesen. „Der verwirrte Mon. Kirsg. weiss bei dieser ganzen Erzählung überhaupt nicht recht, was er sagt."

Der Bericht in der Zorn'schen Kronik — ohne die Zusätze Flersheim's — Z 100,$_{30}$—101,$_{1}$; 101,$_{18}$—102,$_{17}$ hat so manche Berührungspunkte mit dem Mon. Kirsg., dass beide eine gleiche Quelle gehabt haben müssen, wenn auch Zorn weitläufiger ist. Man vergleiche bei Beiden den ersten Satz, dann MK 126,$_{1}$ „adiutorium et consolamen" = Z 101,$_{24}$ „hülf oder trosten", und den Schluss „actum Margarethae anno Domini 1254". Dass auch der Zorn'sche Text nichts ist, als eine späte Bearbeitung älteren Materials ohne rechtes Verständnis für die Sache, hat schon A. Busson, Zur Geschichte des grossen Landfriedensbundes deutscher Städte, S. 19, erkannt und Weizsäcker S. 42, 133, 152 bestätigt.

Die WA nun berichten nicht nur von dem eigentlichen Bund der Städte und Herren, dessen Gründungsurkunde gedruckt ist bei Weizsäcker, Bundesakten Nr. 1, sondern sie setzen schon früher ein und verzeichnen auch die kleinen Sonderbündnisse zwischen Worms und Mainz einerseits und zwischen diesen beiden Städten und Oppenheim andrerseits.

Die Notiz über das erste dieser beiden Bündnisse steht MG. XVII. 55,$_{43}$ fg. und fehlt bei Böhmer. In den Handschriften der WA ist es nicht zu finden, Pertz hat nicht angegeben, wo er es gefunden. Er muss es zusammengesetzt haben. Den Anfang bildet eine Stelle des Mon. Kirsg. ($125,_{31-34}$); die dann folgenden Worte: „Instrumentum concordie inter Wormatienses et Moguntinenses" sind nirgends nachzuweisen. Das Wort „concordia" allein ist sowol für jene Einzelbündnisse wie für den grossen Bund in jener Zeit durchaus ungewöhnlich; „pax" ist das stets gebrauchte Schlagwort (Weizsäcker, S. 44). Und nicht nur die Urkunden nennen den Bund so, auch die WA bedienen sich nie eines andren Ausdrucks (B $188,_{38}$; $189,_{9, 12, 16, 32}$; $190,_{4, 13}$). Es bleibt keine andre Erklärung, als dass Pertz hier seine eigenen Worte hineinfügte, um dann die Urkunde dieses ersten mittelrheinischen Sonderbundes, die gleichfalls nicht in der Handschrift 2 steht, anschliessen zu können.[1]) Ein solches Verfahren ist grundsätzlich zu misbilligen.

Veranlasst zu dieser Interpolation wurde Pertz natürlich durch die Einleitungsworte des nun folgenden Abschnittes, MG. $56,_{12}$ fg. = B $188,_{37}$ fg. „Cum itaque hec etc." Die Stelle ist aus einem grösseren Zusammenhange herausgerissen, ja das Einzelbündnis zwischen Worms und Mainz muss eben vorher berichtet worden sein.

MG. XVII, $57,_{9-35}$ fährt dann der Pertz'sche Text mit einem Stück der Gründungsurkunde des rheinischen Bundes[2]) fort. Auch dieser Abschnitt fehlt bei Böhmer, und Pertz versäumt wieder anzugeben, ob er ihn nur der Vollständigkeit halber eingefügt oder in einer Handschrift gefunden habe. Im ersteren Falle wäre ein erneuter Abdruck überflüssig gewesen. Einen gelinden Zweifel gegen Pertz bezüglich des Schlussdatums liest man aus Weizsäcker S. 13 heraus.

Im Folgenden stimmt dann der Böhmer'sche Text wieder mit dem Pertz'schen überein.

1) Warum Boos diese Urkunde nicht mindestens als Regest in sein Wormser Urkundenbuch aufgenommen, ist nicht ersichtlich.
2) Boos, WU nr. 246; Weizsäcker, Bundesakten nr. I.

VIII.
Das Resultat.

Der Inhalt der bei Böhmer gedruckten „Wormser Annalen" gliedert sich nach unsrer Untersuchung folgendermassen:

a) Wir konnten eine nicht gleichzeitige Bischofskronik nachweisen; dieser gehört an: B 158—161,$_{13}$; 162,$_{24}$—164,$_{35}$; 165,$_{5}$—173,$_{10}$; 174,$_{3}$—174,$_{24}$; 174,$_{28}$—178,$_{5}$: 179,$_{38}$—180,$_{28}$; 184,$_{22}$—185,$_{14}$; 192,$_{9}$—196,$_{15}$; 197,$_{4}$—199,$_{11}$; 200,$_{35}$—201,$_{35}$; 214,$_{30}$—215,$_{10}$. Diese Kronik schöpft aus verschiedenen Quellen q^{1}, q^{2}, q^{3}, die wir im Abschnitt VI näher karakterisirt haben.

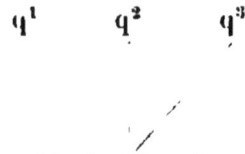

Bischofskronik.

b) Aus einer Quelle q, der die Bischofskronik das Stück B 160,$_{11-7}$ entlehnt, schöpft auch eine [hypothetische] nicht gleichzeitige Bürgerkronik das Stück B 161,$_{14-18}$.

q

Bürgerkronik   Bischofskronik.

c) Sonst liegen der Bürgerkronik, der die drei Stücke B 161,$_{14}$—162,$_{28}$; 173,$_{11-35}$; 173,$_{37}$—174,$_{2}$ angehören, gleichzeitige Bürgeraufzeichnungen zu Grunde.

— 93 —

Gleichzeit. Bürger-
aufzeichnungen.   q

Bürgerkronik.

d) Solche gleichzeitige Bürgeraufzeichnungen sind uns in der Handschrift 2 noch in reicher Menge erhalten. Es gehören hierher die Stücke: B $174,_{23}-_{27}$; $178,_{9}-179,_{37}$; $180,_{24}-184,_{21}$; $185,_{15}-192,_{2}$; $196,_{19}-197,_{3}$; $199,_{12}$ bis $200,_{34}$; $201,_{36}-207,_{35}$.

e) Ausserdem gab es in Worms noch verschiedene Aufzeichnungen mannigfachen Inhalts aus verschiedenen Zeiten: B $209,_{7}-214,_{29}$.

f) Da sowol die Handschrift 1 als auch die Handschrift 2 nur aus einem einzigen Kodex geschöpft haben will und doch jede von allen diesen verschiedenartigen Aufzeichnungen etwas enthält, so müssen diese historischen Berichte einmal sämmtlich in Einem Bande vereint gewesen sein.

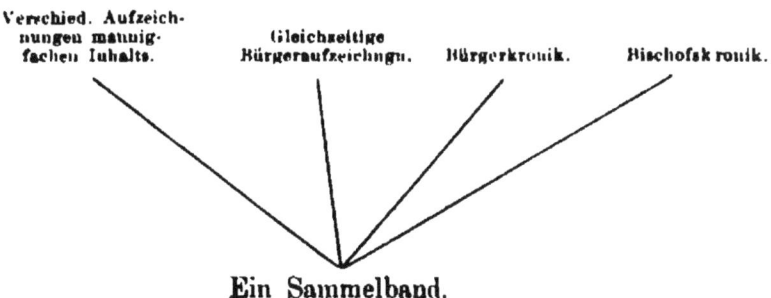

Verschied. Aufzeichnungen mannigfachen Inhalts.   Gleichzeitige Bürgeraufzeichngn.   Bürgerkronik.   Bischofskronik.

Ein Sammelband.

g) Aus diesem Letzteren haben zunächst die Handschriften 1 und 2 geschöpft.

Der Sammelband.

Handschr. 1.   Handschr. 2.

h) Die Handschriften 3^a und 3^b weichen in den Lesarten[1]) so weit von einander ab, dass nicht die eine eine

1) Vgl. die Anmerkungen in der Ausgabe MG. XVII.

Abschrift von der andern sein kann, sondern beide auf einen gemeinsamen früheren Auszug X zurückgehen.

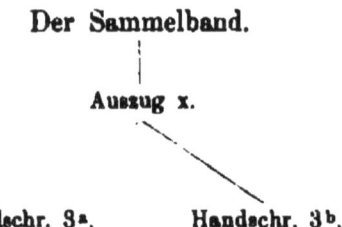

i) Aus der Handschrift 3ᵇ entnahm Schannat vier kleine Abschnitte.

Handschr. 3ᵇ.

Auszug bei Schannat im Text

k) Danach ergibt sich das folgende Gesammtbild:

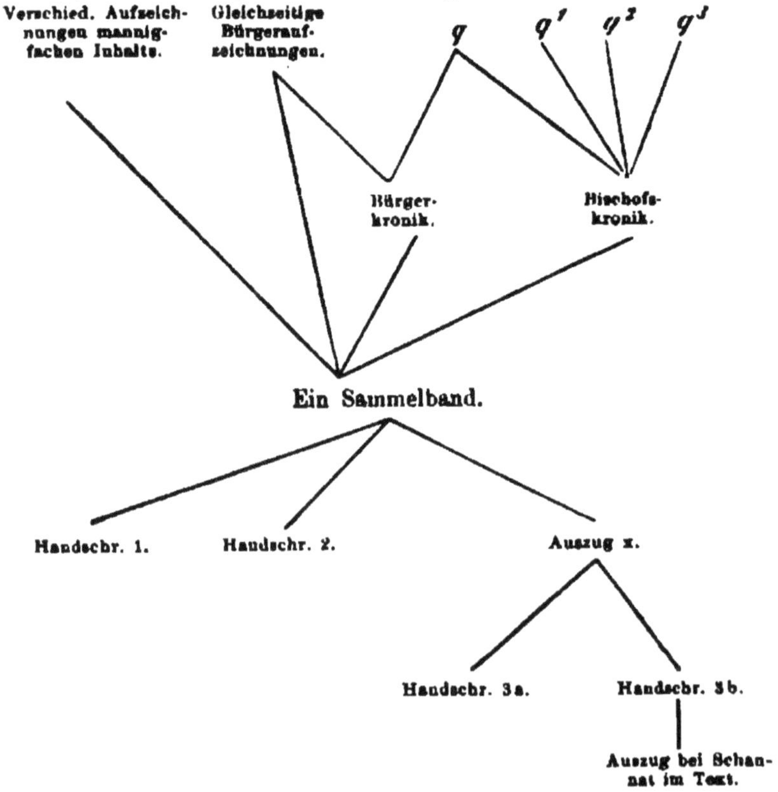

l) Auch die Benutzung der verschiedenen Wormser Geschichtsquellen durch den Mon. Kirsg., Zorn und Flersheim kann man in ein einfaches übersichtliches Schema bringen. MK und Fl können beide, wie oben bewiesen ist, den Sammelband nicht benutzt haben.

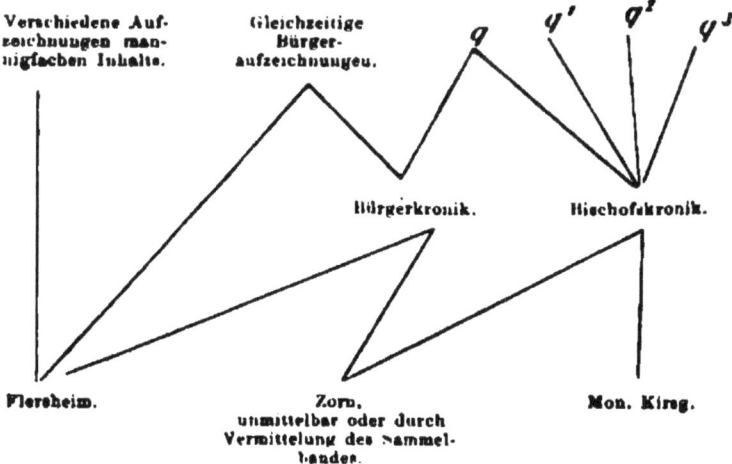

IX.
Lesarten.

Man ersieht aus der schematischen Darstellung der Ueberlieferung im vorigen Abschnitte, dass unsre Quellen häufig abgeschrieben, bezw. umgearbeitet sind. Darunter hat natürlich der Text gelitten. Böhmer versuchte daher an manchen Stellen Verbesserungen; und er ist dabei mit vollem Recht ganz frei verfahren, hat fehlende Wörter eingefügt, falsche Namen durch richtige ersetzt u. s. f. Er hat nicht nur Lese- und Schreibfehler, sondern auch anderartige Versehen gebessert. Dies Verfahren war bei dem Karakter unsrer Quelle und der Art der Ueberlieferung geboten. Pertz hätte dann Böhmer's Bemühungen fortsetzen müssen, hat aber fast ganz den alten Böhmer'schen Text beibehalten.

Wir stellen hier im Folgenden eine Reihe von Verbesserungsvorschlägen zusammen:

B 160,$_{12}$: statt [1232 ian.] lies [1231 dec.].

B 160,$_{20}$: statt [mai] lies [1232 ian. und mai].

B 161,$_{21}$: nach „reversus itaque" füge ein: [1232 iuni].

B 162,$_{22}$: statt „pre ruina" lies „per ruinam", wie auch 3^b und 2 haben. Vgl. MG. XVII, 41,$_{16}$ rechts und Anm. r.

B 162,$_{29}$: statt „continue" lies „continuo", wie auch Sch. hat.

B 163,$_{10}$: statt „scultetos" lies „scultetum", wie 3^b hat.

B 163,$_{37}$: statt „Ezzelingen" ist doch „Hagenaiam" zu lesen. — Vom 1. Nov. 1234 an tritt Bischof Landolf häufig in Urkunden König Heinrich's (VII.) auf, aber stets als electus Wormaciensis. Nach dem Zerwürfnis Heinrich's mit den Wormser Bürgern scheint er stetig beim König gewesen zu sein, denn wir finden ihn in Speier, Wimpfen, Nürnberg und abermals in Speier. Dann aber fehlt er in Spiegelberg; und in diese Zeit wird wol der vom Könige befohlene, aber mislungene Aussöhnungsversuch Landolf's zwischen den Wormser Bürgern und dem Könige fallen, als dessen Preis dann Landolf in Hagenau die Regalien erhalten zu haben scheint. Denn erst bei diesem zweiten Aufenthalt in Hagenau im März des Jahres 1235 tritt Landolf in der Zeugenreihe einer Urkunde des Königs (Huillard-Bréholles, Bd. 4, S. 721) nicht mehr als electus, sondern als venerabilis electus auf. Es ist diese Bezeichnung nicht unwichtig. „Venerabilis" ist ein ehrendes Beiwort, das in Zeugenreihen nur hohen Geistlichen, Erzbischöfen, Bischöfen, einigen Aebten und dem Grossmeister des deutschen Ordens zu Teil wird. Der Gebrauch des Wortes in Unterschriften ist in Friedrich's II. und Heinrich's (VII.) Urkunden verhältnismässig selten und unregelmässig; man vergleiche z. B. Huillard-Bréholles, I, 509, 625; II, 547, 585; IV, 668: V, 82, 119. Bei aller Regellosigkeit des Gebrauches ist aber Eine Regel bewahrt: niemals kommt in Zeugenreihen das Prädikat „venerabilis" einem archielectus oder electus zu. Wenn nun an dem erwähnten Tage in Hagenau zum ersten und einzigen Male einem electus in der Unterschrift die bischöfliche Ehrenbezeichnung beigelegt wird, so dürfen wir wol einen besonderen Grund hierfür annehmen. Und dieser bietet sich in der Annahme der Regalienverleihung. Dadurch wurde Landolf für den König schon Bischof, und als solchen bezeichnen ihn auch mit Recht von diesem Tage an die Regesten. Für den Klerus blieb freilich der ungeweihte Bischof nach wie vor einfach ein electus; so nennt ihn auch Papst Gregor IX. noch am 5. Mai 1236. (MG., epist. saec. XIII, ed. C. Rodenberg, tom. I, nr. 659.)

B 163,$_{38}$: statt [1234 nov. 1] lies [1235 vor märz 23].

B 164,$_1$: nach „reversus" ist einzufügen „est", wie auch die MG. tun.

B 164,$_{14}$: statt „octo et alii" lies „octo alii".

B 164,$_{15}$: statt „eligerunt" lies „elegerant".

B 164,$_{31}$: statt „ac" lies „at", wie auch 3^b hat. Vgl. MG. XVII, 44,$_{33}$ rechts.

B 165,7: statt „et quia" lies „quia" oder „et qui". Vgl.
MG. XVII, 44,40 rechts.
B 165,12: statt „Wormacie" lies „Wormaciam", wie auch
3ᵇ hat. Vgl. MG. XVII, 45., rechts.
B 166,14: statt „predecessorum" lies „predecessoris".
B 166,22: zu [ian. 25] füge hinzu „1237".
B 168,2: nach „post paucos annos" füge ein [zw. 1238 u. 1244].
B 168,15 fg. ist sehr verderbt. Böhmer versuchte eine Verbesserung, ebenso Pertz, MG. XVII, 50,16 fg. rechts. Beide Stellen lassen sich aber nicht recht übersetzen. Mit möglichst genauer Beibehaltung aller Schriftzeichen schlagen wir folgende Lesart vor: Et licet hoc probari per noctem non potuisset et ante relationem et signa dominus episcopus consules iustificare (scil. non potuisset), lesas totaliter etc.
B 168,21: statt „resistebant" lies „resistebat".
B 168,16: statt „dominum magnum" lies „nomine Magnum". Es ist mit dieser Stelle B 185,13—26 zu vergleichen. Dort in der gleichzeitigen Niederschrift ist das Ereignis in das Jahr 1246 gesetzt. Die Zusammensetzung des Rates für das Jahr 1246 erkennen wir aus Boos, WU nr. 217. Keiner der in der Stelle B 185,13 fg. Genannten ist Konsul. Aber in der Urkunde bei Boos, die aus dem August 1246 stammt, sind die Haupträdelsführer des Aufruhrs vom März schon wieder mit den Ratsmannen zusammen Zeugen. Also muss der ganze Zwist schon im August des Jahres völlig beigelegt sein, so dass sich der Bericht (B 168,13 fg.) von der schnellen Erledigung bewahrheitet.

Nur Gerhardus Magnus fehlt in der genannten Urkunde; es ist daher sehr wahrscheinlich, dass sich auf ihn der Brief nr. 38 der Wormser Briefsammlung des dreizehnten Jahrhunderts bei Boos, WU bezieht, so dass also der Gerhardus Magnus B 195,19, sowie der Gerhardus miles B 168,16 identisch sind mit dem in jenem Briefe genannten G. dictus maior miles. Derselbe sagt dort. er habe den Zorn des Bischofs auf sich geladen und sucht Zuflucht in Oppenheim. Es muss dann natürlich das von Winkelmann vorgeschlagene Datum 1241 in 1246 geändert werden.

B 169,₁₈: statt „fideiussores sui" lies „per fideiussores suos".

B 169,₁₇: MK 129,₈₂ und 130,₁₂₄ berichtet nach zwei verschiedenen Quellen, dem catalogus episcoporum und einer anderen, Bischof Konrad sei nur „tribus septimanis" im Amt gewesen; damit stimmt völlig Z 89,₁₁ mit seinen „21 tag" überein. Es ist daher vielleicht B 169,₁₇ „trigesimo primo" in „vicesimo primo" zu ändern. Dann würde das Datum des Todestages bei Zorn 88,₃₃ richtig sein. Das Datum der WA bleibt in jedem Falle falsch.

B 169,₃₈: statt „1252" lies „1253". Dann stimmt das Datum auch völlig mit dem Bericht bei Zorn (94,₃₈ fg.), der aus andrer Quelle stammt. Dort heisst es, der Bischof habe sich 1253 den 20 februarii „drei tag für s. Peterstag" (das ist nach heutiger Zählung zwei Tage vor St. Peter) nach Kirschgarten begeben, sei am folgenden Tage, also am 21. feb. = vigilia kathedrae sancti Petri, als schlichter Geistlicher und dann am 22. unter teilweiser Zustimmung der Bürger als Bischof in Worms eingezogen. Dann habe er das lange über die Stadt verhängte Interdikt aufgehoben.

Mit dieser Datirung stimmen auch die erhaltenen Urkunden überein. Wir haben aus der ganzen Zeit von 1248 bis 1252 incl. keine Wormser Bischofsurkunde, erst vom Mai 1253 an urkundet Richard. Und ferner: das Interdikt muss bis Ende 1252 oder sogar ins Jahr 1253 hinein gewährt haben, denn 1252 dec. 13 (Boos, WU nr. 235) gestattet Innocenz IV. dem Domkapitel auf dessen Bitte, während des Interdikts bei verschlossenen Türen geheimen Gottesdienst zu halten. Also muss doch das Interdikt noch bis spät in die zweite Hälfte von 1252 angedauert haben.

B 170,₁₈: statt „munere" lies „numero".

B 170,₁₂₈: nach „sanctorum innocentum" schalte ein: „anno domini 1258", wie auch 3ᵇ hat. Vgl. MG. XVII 52,₁₃₃ rechts. Nach unsrer Rechnung ist es noch 1257.

B 171,₂₁: statt „ad" lies „et".

B 171,₃₂: statt „pius pater" lies „pius pastor". Vgl. B 168,₃₈ und die Wormser Briefsammlung des dreizehnten Jahrhunderts nr. 66. Boos, WU Bd. 1.

B 172,₁₃: statt „iure" lies „iuri".

B 172,₁₆: statt „quindecim" lies „sedecim", wie' auch 3ᵇ und Schannat lesen; vgl. MG. XVII, 67, Anm. e. Die Heimbürgen sind gemeint.

B 173,₈₄ fg. ist der Satz: „Et pro ungelto etc." auszulassen.

B 176,₆: die Stelle „volentes non valebant" gibt gar keinen Sinn. Dagegen entspricht es sehr gut dem biblischen Tone des ganzen Abschnittes, wenn man liest: „et valentes non valebant". „Und die Mächtigen waren ohne Macht".

B 176,₁₃: statt „confitebatur" lies „confitebantur".

B 171,₈₁: statt „veteris mulieribus" lies „veteribus mulierculis", wie Böhmer schon im Nachtrag verbessert.

B 179,₈₃: statt „taliter" lies „totaliter".

B 181,₉: statt „partes" lies „parntos", wie auch MG. XVII, 47,₂₂.

B 181,₁₀: statt „unquam" lies „nunquam", wie auch die MG. 47,₂₃.

B 185,₈₆ und 187,₈₈ ist die Datirung nicht in Ordnung: die Unruhen sollen am 22. Aug. gewesen sein. Dann kann die Urkunde zur Schlichtung derselben nicht am 17. August ausgestellt sein. Nach der Urkunde Mon. Wittelsbac. I, S. 103 ist das Datum B 185,₈₆ zu corrigiren in „in crastino".

B 188,₂₇: statt „ab" lies „ad", wie auch die MG. tun. Uebrigens ist gerade diese einzige Stelle B 188,₂₅—₂₉ etwas zweifelhaft. Denn nach den ann. Spir. (MG. SS. XVII, 84) war am 13. April 1251 der Bischof (electus) von Speier mit König Wilhelm in Lyon. — Und ferner: Von einer Belagerung Würzburgs durch Konrad wissen wir sonst nichts, auch will der Ort um diese Zeit nicht in das Itinerar Konrad's IV. passen. Die Regesten (B-F, V, nr. 4542a) vermuten daher, es sei zu lesen „Wissenburg".

B 189,₃₀: statt „de plane" lies „de plano".

B 190,₁₅: statt „per presentiam" lies „per sententiam", wie die Regesten (B-F, V, nr. 5181a) vermuten und FL 103,₁₀₄ durch die Uebersetzung „verwilligung" bestätigt.

B 191,₂₁: statt „separandos" lies „separando".

B 192,₃: vor „fuit" ergänze „qui".

B 194,₂₁: statt „preparet" lies „prepararet", wie auch die MG. XVII, 62,₂ haben.

B 196,₆: statt „factas" lies „facta".

B 197,₅: vor „Eberhardus" ist „quod" zu ergänzen.

B 197,₁₀ steht in der Handschrift nur „secum". Hierzu ergänzen B und MG. „habuit" oder „duxerat", so dass also Simon von Guntheim der Anführer des Zuges gewesen wäre, was aber doch sicherlich Philipp von Hohenfels war. Daher ist wol besser zu lesen: „secutus est".

B 198,₁₂ muss „qui" fehlen.

B 200,₁₂ und ₁₉ sind die Daten verschrieben. Das zweite „in die Lamperti" müsste richtiger lauten „in vigilia Lamperti", denn schon am 16. September, nicht erst am 17. wurde die erwähnte Sühne verbrieft. (Boos, WU nr. 289.) — Das erste Datum, B 200,₁₉, ist ein ganz offenbarer Fehler. Am Andreastag, 29. Nov. 1260, war Richard in London. Vgl. B-F, V, nr. 5384 c. Hier wäre vielleicht der Lampertustag einzusetzen, so dass das Datum der 13. Sept. 1260 würde. Das würde gut passen, da Richard schon seit dem 12. Aug. in Worms nachzuweisen ist. Vgl. B-F, V, nr. 5370.

B 201,₁: statt „iudicandum" lies „iudicandi".

B 201,₁₆: statt „alios quos" lies „aliis quibus", wie auch 9ᵇ hat. Vgl. MG. XVII, 65, Anm. p und q.

B 202,₄: statt „ipsi" lies „ipse".

B 202,₃: statt „sustinebat" lies „sustinebant".

B 202,₁₇: statt „Mastingi" lies „Masungi".

B 202,₂₈: statt „non fuerat interclusum vel.... renuntiatum" lies „non fuerant interclusa vel renunciata".

B 202,₈₅: statt „Emicho" lies „Emericho". Vgl. die Urk. Boos, WU nr. 298.

B 202,₃₉: statt „triginti" lies „triginta".

B 203,₁₀ fg.: Der Schluss wird vielleicht eine Randbemerkung gewesen sein, die der Abschreiber an den Text angefügt hat. Es muss daher: „et sic explanata sunt omnia inter eos" als selbständiger Satz am Schlusse stehen.

B 203,₂₇: statt „intercedentes" lies „interventu".

B 204,$_{14}$ ist sicher statt „Ungere" zu lesen „Vugere", denn Fl 122,$_{27}$ und Boos, WU nr. 215,$_5$ lesen übereinstimmend den Namen „Fugere".

B 204,$_{20}$: statt „factas" lies „factorum"‚

B 205,$_2$: statt „Rucheri" lies „Richeri".

B 205,$_{32}$: der Tag III non. maii [mai 5] 1269 war allerdings ein Sonntag, aber nicht die „dominica ante ascensionem domini", sondern „post ascensionem domini", wie denn auch zu lesen ist.

B 206,$_{28}$: statt „Rudolfus" lies „Rupertus".

B 206,$_{34}$: nach „habuerunt" ergänze „cives".

B 209,$_{20}$: „Frisonenspira" erklärt F. Falk, Forschungen zur deutschen Geschichte Bd. 14, S. 397 als Frisensperre = Pforte. Boos, WU nr. 57, Z 21 liest „Frisonumspiza" und „Frisenspiza". Das könnte „Mauerecke" bedeuten.

B 212,$_{21}$: Die Worte „kornder, mitterer" sind sicher falsch; das erstere muss lauten „kordener", verkürzte Form von „kurdewaener", von „kurdewân", einer Lederart. „mitterer" kommt sonst nicht vor, vielleicht könnte es „nieter" für „schuochnieter" = Schuhflicker heissen. (Lexer, Mhd. Handwörterbuch, 3. Band, Nachtrag, Sp. 331.)

B 212,$_{21}$: nach „unam libram" ist die Zeile B 212,$_{27}$ „et quadraginta denarios pro duobus ocreis" einzufügen.

B 212,$_{28}$: die Schlussworte „[et] de quolibet vaso etc." müssen stehen B 212,$_{20}$ nach „unam libram".

B 213,$_{19}$: statt „cuntzoll" lies „buntzoll".

B 213,$_{26}$: die „pena crurum et cutis" heisst allerdings zu deutsch „schern und villen", wörtlich „die Haare scheeren und das Fell abziehen". Es ist aber auch möglich, dass „scherz umb willen" richtig ist und ein Volkswitz ist.

Binnen wenigen Jahren werden die Quellen zur Geschichte der Stadt Worms vollständig erschienen sein. Dann wird, wie zu erwarten, der dritte Band eine neue Ausgabe auch der Quelle bringen, welche wir bis dahin noch als „Wormser Annalen" bezeichnen.

Excurs.

Die beiden Urkunden Heinrich's (VII.) vom 3. und 4. August 1232 (Boos, WU nr. 157 und 158) widersprechen einander völlig. Die erstere bestätigt den Wormser Bürgern alle ihre Freiheiten; die zweite, vom Tage darauf, hebt Räte und Brüderschaften in Worms auf, nimmt also der Stadt ihre wesentlichsten Rechte. Man hat nun oft versucht, den Widerspruch zu beseitigen. Oder man hat nr. 157 für unecht erklärt[1]), aber nur deshalb, weil man eine Unordnung in der Zeugenreihe entdeckte. Das ist mit Recht zurückgewiesen. nr. 157 ist aber dennoch unecht. und zwar aus stilistischen Gründen. Niemand wird erwarten, dass die Urkunden aus der Kanzlei eines Fürsten alle nach demselben Schema gearbeitet seien und etwa in den Sätzen des Protokolls wörtlich mit einander übereinstimmen. Aber eine allgemeine Regel wird doch stets beobachtet. Es wird nicht einmal eine Invokation gesetzt, ein andres Mal nicht, der Titel des Herrschers lautet nicht heute so, morgen so, u. s. f. Wenn nun in dieser stilistischen Beziehung die Urkunde nr. 157 von allen vorhergehenden und folgenden Urkunden Heinrich's (VII.) völlig abweicht, so dürfen wir sie wol als sehr verdächtig ansehen. Eine vergleichende Zusammenstellung aus den Urkunden Boos, WU nr. 154, 157, 158, 160, welche alle aus dem Jahre 1232 stammen, wird die bedeutenden Abweichungen zeigen.

---

1) Vgl. die Citate bei Boos. WU nr. 157.

Nr. 154.	Nr. 157.	Nr. 158.	Nr. 160.
Invokation fehlt.	(C.) In nomine sancte et individue trinitatis.	Invokation fehlt.	Invokation fehlt.
H. dei gratia Romanorum rex et semper augustus.	Heinricus septimus divina favente clementia Romanorum rex et semper augustus.	H. dei gracia Romanorum rex et semper augustus.	H. dei gratia Romanorum rex et semper augustus.
fidelibus suis consilio et universis civibus Wormaciensibus gratiam suam et omne bonum.	Adresse fehlt.	fidelibus suis universis civibus Wormaciensibus graciam suam et omne bonum.	fidelibus suis universis civibus Wormaciensibus gratiam suam et omne bonum.
Datum apud Augustam XVI Kalendas aprilis, indictione V.	Actum dominice incarnationis millesimo ducentesimo tricesimo secundo, III nonas augusti, indictione quinta anno regni eius undecimo.	Datum apud Frankenfurd II nonas augusti, indictione quinta.	Datum apud Frankinfort VI idus augusti, indictione V.
	später noch: Datum apud Frankenfort in sollempni curia nostra anno nonis indictione prenotatis.		
fehlt.	Signum domini Heinrici Romanorum regis invictissimi.	fehlt.	fehlt.

Das Chrismon, die Invokation, das „divina favente clementia", das Fehlen der Adresse, das weitläufige Datum und die Signumszeile, das sind Alles karakteristische Merkmale an den Wormser Urkunden der Heinriche aus dem salischen Hause; und vielleicht benutzte man naiver Weise eine solche bei dieser Fälschung als Vorlage. — Verstärkt wird der Verdacht gegen die Echtheit der Urkunde dann noch durch die Unordnung in der Zeugenreihe.

Lebenslauf.

Am 7. Nov. 1862 bin ich, Johannes Albert Köster, zu Hamburg geboren als ältester Sohn des dort angesessenen Kaufmannes Heinrich Matthias Köster und seiner Ehefrau Mathilde Marie, geb. Jebens. Ursprünglich für den Kaufmannsstand bestimmt, besuchte ich die Privatschule des Herrn Gustav Gosewisch, trat dann aber Michaelis 1875 in den Oster-Cyclus der Quarta des Johanneums zu Hamburg ein. Ostern 1882 ging ich nach bestandener Abiturientenprüfung zur Universität und studirte zwei Semester Jurisprudenz, drei Semester neuere Philologie und fünf Semester Geschichte, abwechselnd in Tübingen und Leipzig. Während meiner Studienzeit besuchte ich Vorlesungen und Uebungen bei den folgenden Herren Professoren und Docenten: Arndt, Biedermann, Ebert, Franklin, v. Gutschmidt, Hildebrand, Kögel, Köstlin, Kugler, v. Mandry, Maurenbrecher, Meyer, v. Richthofen, Roscher, Schmidt, v. Seeger, Springer, Strauch, Voigt, Wundt, Zarncke. Ihnen Allen, vorzüglich den Herren Prof. Dr. Arndt und Prof. Dr. Maurenbrecher schulde ich grossen Dank.